鐵漢柔情

香港建築扎鐵業發展史

劉智鵬 著

中華書局

目錄

上篇　鋼筋撐起的城市

第一章

戰前鋼筋混凝土技術的發展

第二章

香港重光至 1960 年代：扎鐵業逐漸成形

第三章

1970 至 1990 年代：扎鐵業走向現代化

第四章

香港建築扎鐵商會的成立與運作

下篇一走入扎鐵現場

序一

　　建造業是香港的核心產業，從業人口眾多；芸芸工種之中，「扎鐵」佔有舉足輕重的地位，精準施工是工程結構安全的重要保證。

　　香港建築扎鐵商會自成立以來，一直推動會員自我完善，並積極參與人才培訓、行業發展、改善勞資關係等重要議題，對優化建造業貢獻良多。

　　扎鐵商會慶祝成立二十週年喜慶之際，委託嶺南大學歷史系劉智鵬教授編寫《鐵漢柔情：香港建築扎鐵業發展史》一書，系統有序地記錄香港扎鐵業的歷史流變及操作狀況，對推動行業發展具有重要的參考價值。此書彙集建造業史料並編印出版，開建造行業著書立說之先河，堪稱業界榜樣，極有意義。

　　歷史是良師。本書所述扎鐵業今昔點滴滿載奮鬥精神，見證香港都市騰飛躍進，有助啟發業界同仁成就弘大事業。

建造業議會主席

陳家駒 SBS, JP

序二

扎鐵業是與香港共同成長的行業。戰後香港人口急增，市區遍佈由鐵皮、木板建成的寮屋，市民的居所沒有保障。後來，政府積極興建徙置大廈改善房屋問題，以鋼筋混凝土技術興建樓宇惠及基層市民，加上道路網絡等基建，扎鐵業成為了建設香港城市的重要支柱。

隨着十大基建相繼落成，香港的發展將攀升至另一階段。社會對房屋、交通及其他基礎設施的訴求迫在眉睫，在期望政府撥出更多基建資源的同時，扎鐵等建造行業亦不斷進步。香港建築扎鐵商會一直勇於創新求變，借鑒其他地方的經驗推行改革，培養更多熟練及具有多項技能的人才，帶領行業邁向精密與專業化的道路。

作為一位在過去數十年曾經參與規劃及建設香港各項大型基建的工程師，我很榮幸能夠參與見證香港建築扎鐵商會的二十週年紀念。嶺南大學歷史系劉智鵬教授應商會邀請編寫《鐵漢柔情：香港建築扎鐵業發展史》一書，細述香港扎鐵業從戰前至今的發展路向，從中可見商會為推進扎鐵業建立了穩定的基石。在此感謝業界各持份者為香港城市建設作出的貢獻，前事不忘，後事之師，祝願商會為行業的未來開拓更寬闊的道路。

市區重建局行政總監
韋志成 GBS, JP

序三

　　本人非常榮幸在香港建築扎鐵商會成立二十週年之際為《鐵漢柔情：香港建築扎鐵業發展史》撰寫序言。

　　香港扎鐵業的發展歷久彌新，值得敬仰；扎鐵商會自 1998 年成立以來，為秉持商會宗旨，達至工商和諧而不懈努力。

　　近年建造業隨着社會日新月異的變化而不斷革新。在倡導機械化、重視跨領域科技發展的道路上，扎鐵商會一直是建造業的領跑者。

　　扎鐵業是建設香港社會的重要團隊，扎鐵工人合作、敬業、奉獻的精神必須給予肯定和鼓勵。他們刻苦耐勞、義薄雲天，腳踏實地逐步走向專業化，既能傳承扎鐵技術，更能發揚香港精神。

　　我寄望扎鐵商會繼續凝聚團結力量，與特區政府相關部門、建造商會、工會以及業界友好人士保持良好的合作關係，同心同德為建造業的可持續發展創造更美好的前景。

　　最後希望社會各界人士對香港扎鐵歷史及商會有更深入的認識和了解。祝願香港建築扎鐵行業蓬勃發展，再創輝煌。

金門建築有限公司行政總裁

建造業創新及科技應用中心主席

何安誠 JP

序四

　　建築業一向是推動香港經濟發展的中流砥柱，不僅帶動龐大的商業投資，也為各個不同工種的專業及技術人士創造了大量就業機會。回想1997年，本人已經投身建築扎鐵行業三十五個寒暑，時值香港即將回歸祖國，政府銳意發展經濟，推動以香港機場為核心計劃的一系列史無前例的大型基建工程，造就建築行業欣欣向榮，也對各行各業的建築專業服務供應商有着前所未有的殷切需求。

　　面對建築潮流浩浩蕩蕩，本人於是牽頭與一眾行業先進廣泛協商而籌備於1998年成立香港建築扎鐵商會。目標是團結各方力量、同心協力地推動扎鐵行業的全面發展。商會宗旨其中包括：全面深化行業與政府部門及總承建商的溝通渠道、鞏固勞資雙方協商的橋樑、加強工友們在地盤的安全、品質及環保意識，及更好地貫徹為各大客戶提供更加優質的服務等等為根本己任。全賴社會各界人士鼎力相助，會內同人緊密地團結在一起獻計出力，商會得以穩步成長而為扎鐵行業服務剛好二十個年頭。

　　在這個值得紀念的日子，扎鐵商會特意編著《鐵漢柔情：香港建築扎鐵業發展史》。本書是香港第一部以扎鐵工程行業發展為主軸線的回顧實錄，以歷史紀實的方式，加插了難能可貴的行業珍貴照片及不同持份者的第一身專訪為依據，致力為讀者呈現出香港扎鐵行業最為真實的發展歷史，充滿着行業的人情味及感染力。本人期望各位在細味本書的時候，能夠加深認識扎鐵行業的發展歷程，也能

夠和我們一樣，更加珍惜及愛護這個行業。

　　古時男子二十歲為加冠之年，適逢扎鐵商會二十週年誌慶，作為創會會長本人心情百感交集，猶如即將為親兒子舉行成年之禮。這標誌着商會日後將承擔着更重大更光榮的行業責任，任重而道遠。面對新時代新征程新挑戰，各方好友始終如一地支持本會，加上新生代同業先進們承先啟後，薪火相傳地為行業進步而努力不懈，香港建築扎鐵行業一定朝着更加美好的將來不斷邁進，本人心存感恩地願與各位共勉。

　　在此感謝編輯委員會為廣大讀者編著此書，祝願扎鐵商會百尺竿頭，更進一步；《鐵漢柔情：香港建築扎鐵業發展史》啟迪文化，一紙風行。

香港建築扎鐵商會創會會長兼主席

蕭樹強

序五

我衷心祝賀《鐵漢柔情：香港建築扎鐵業發展史》成功出版。這本書凝聚了香港扎鐵工人幾十年來的血汗，相信讀者定能從中了解扎鐵行業的點滴。

我投身扎鐵業超過五十年，見證行業的巨大變化。以前學師的時候，為免拖慢工作進度，師傅不許我們戴上手套搬運鐵枝，加上以人手屈鐵，雙手及身上經常滿佈傷痕。現時工人的工作條件改善了很多，工作有機械輔助，工時比以前減少，並有明文規定應有的福利，生計總算得到全面保障。

香港建築扎鐵商會的成立無疑是扎鐵行業發展的重要里程。記得二十年前，我和一眾老行尊認為行業裏充斥着不同的意見，但又欠缺有效的溝通，於是推動成立商會，希望扎鐵商團結一致解決勞資以及行業發展的問題。

扎鐵業能有今天的進步，全賴商會、工會、政府及各界共同促成。今後商會將繼續以維繫勞資關係及推進行業為發展目標，同心為行業、為香港帶來更美好的明天。

香港建築扎鐵商會榮譽會長

莫想深

序六

我很高興為《鐵漢柔情：香港建築扎鐵業發展史》撰寫序言，迎來香港建築扎鐵商會成立二十週年的重大盛事。

二十年來，商會經歷許多風風雨雨；成立初期遇上金融風暴，工程大幅減少以致單價及工資不斷下降令行業陷入困境，並導致2007年工潮的爆發。當時在勞工處的周旋下，商會積極與工會協商，擔當關鍵角色，為求達成共識多次重返談判桌，最終事件圓滿解決。今日扎鐵業界的勞資關係和諧友好，商會功不可沒。

我從1982年開始加入扎鐵行業，與一班兄弟共同拼搏，現在這群手足快要退休，未來要交棒給年輕人。近年建造業議會培訓了大量新血加入行業，大大紓緩了扎鐵業的人手壓力。為求行業有更好的發展，吸引更多年輕人入行，商會亦積極為工人提供有關協助。

商會平穩踏入二十週年，有賴關心扎鐵業發展的同業及政府部門提供意見及支援。在各方同心協力之下，我對扎鐵業的前景感到非常樂觀，並相信本書出版後，商會將會編寫更輝煌的歷史，為行業發展注入新力量。

香港建築扎鐵商會榮譽會長

曾燈發

序七

今年是香港建築扎鐵商會創會二十週年，我在此祝願商會未來發展鵬程萬里，同時向各位為商會及行業付出血汗的前輩致敬。

商會是團結業界的平台，也一直肩負培訓新人、推進行業發展，以及與政府各部門溝通的重任。近年，為加快扎鐵業自動化的進程，商會四出奔走，終於成功爭取政府撥出土地興建扎鐵預製工場。機械的引入不但減輕工人勞損，更提高生產效率，對行業大有益處。此外，商會十分重視勞資關係，每年舉辦不同類型的聯歡活動，在和樂融融的氣氛中增進雙方交流。

「前人種樹，後人乘涼」，商會及扎鐵業能一直穩定發展，實有賴各位前輩不辭勞苦、無私奉獻所打下的根基。現在我們着眼於行業的承傳，成立了青年委員會，培養有志加入扎鐵業的年輕人，為行業的長遠發展打好基礎。

最後，我衷心感謝嶺南大學歷史系劉智鵬教授為商會撰寫《鐵漢柔情：香港建築扎鐵業發展史》，向廣大讀者介紹扎鐵業背後的辛酸故事，發揚我們的堅毅精神。

香港建築扎鐵商會會長
陳落齊

序八

在此熱烈祝賀香港建築扎鐵商會成立二十週年。

我的父親可說是香港第一代的扎鐵師傅。雖然當時人們的教育水平比較低，但面對「拆則」等專業技能，他們都能邊學邊做，為行業的發展奠下了穩固的基石。

回想我當初受父親影響而加入扎鐵業，工作環境和條件都非常刻苦。在大熱天時徒手搬運鐵枝及扎鐵是很講求體力的勞動，但我在午飯過後亦不時以廢棄鐵枝練習手藝。當時日薪約十元，曾試過連續三個月工作不休，以汗水勞力換取報酬，這些都是扎鐵業同行值得自豪的往事。

時至今日，我的兒子亦已加入扎鐵業。

現在扎鐵業的工作環境及職業安全已經有大幅改善，相關的工序及培訓亦已向專業化方向發展。

香港的扎鐵業與香港戰後的城市發展有很密切的關係，我們不少老行尊作出過無聲但重要的貢獻。我相信《鐵漢柔情：香港建築扎鐵業發展史》的出版，能以扎鐵業發展的角度見證香港的進步，為扎鐵業工人的汗馬功勞留下點滴的記錄。

我祝願扎鐵業與香港共同蓬勃發展，商會將秉承上一輩人的經驗和智慧，為下一代人建設更美好的家園。

香港建築扎鐵商會秘書長

黃少明

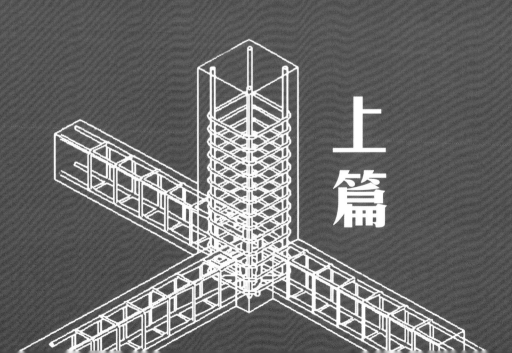

鋼筋撐起的城市

上篇

圖片來源：高添強

第一章

戰前鋼筋混凝土技術的發展

西方興起的技術

西方世界自工業革命以降，鋼材、水泥、玻璃等新式建築物料相繼出現。建築師得以擺脫木、泥、石、磚建築在物料、空間結構等方面的規限，在設計上擁有更大的靈活度和可能性，並嘗試糅合不同物料，建造更為堅固耐用、更具規模的建築物，以滿足社會發展日新月異的需要。此類新技術中最為重要者，當屬鋼筋混凝土技術。

踏入十九世紀中葉，隨着水泥在建築業得到廣泛應用，歐洲各國建築師開始試驗在施工時加入鋼筋，以彌補混凝土拉力不足的問題，並加強物料的防火能力。例如英國泥水匠 W. B. Wilkinson 建立了一套以鋼筋和鋼纜加固混凝土的建築理論，並在 1854 年申請了史上第一項相關技術專利。法國建築師 Joseph-Louis Lambot 則在翌年巴黎萬國博覽會展出用相關技術建造的船隻，又申請專利將鋼筋水泥應用在船隻、水缸和花盆等處，以提供比木料更佳的防水保護。[1] 經過數十年的試驗，法國建築師脫穎而出，並於 1870 年代開始為鋼筋混凝土技術建立一套較為系統的理論方法。此方法不但正式應用於建築和土木工程，亦為歐美其他各國跟隨和傚效。精於此道的建築師當中，以 Joseph Monier、Edmond Coignet 及 Francois Hennebique 最具代表性。

1870 年代，Joseph Monier 開始將鋼筋混凝土首次應用於土木工程，在法國各地興建拱橋和行人橋，到了 1880 年代再由 Conrad Freytag 及 G. A. Wayss 在德國全國各地加以推廣。[2] Edmond Coignet 則繼承父親 Francois Coignet 的技術，於 1870 年代取得興建輸水管專利，並在 1890 年承包巴黎地下輸水道的建造合約，隨後於 1900 年巴黎萬國博覽會興建鋼筋混凝土水塔，向各國訪客和使節展現相關技術的優越性。[3] Francois Hennebique 則在 1879 年開始研發預製混凝土橫樑時加入鋼筋的技術，1890 年開始，他將相關技術應用於

比利時全國的公路及橋樑，並在比利時和法國確立技術專利，又於歐洲各國拓展自己的建築事務所業務，僅 1896 年一年內已經承接歐洲各地的樓宇和土木工程達八百項。而英國的相關技術，要到 1890 年代 Hennebique 的事務所在當地加以推廣以後才開始蓬勃起來。[4]

在大西洋彼岸，美國建築師亦緊貼歐洲業界的最新發展。當中以 Hennebique 的技術最為流行，而 Ernest Ransome 則於 1880 年代在美國首創以鋼筋混凝土建造樓板的技術。到了 1902 年，十六層高的 Ingalls Building 於美國辛辛那提落成，成為全球第一座以鋼筋混凝土技術興建的摩天大樓。[5] 同年，歐洲各地已有近一百項相關技術專利，而英國和美國兩地的建築師學會和混凝土學會更相繼在 1907 年和 1909 年發表聯合報告書，為當地的混凝土建築技術建立一套能夠廣泛應用的準則和指引，可見鋼筋混凝土技術在歐美的發展，到了二十世紀初已經相當成熟。[6]

1　Frank Newby ed., *Early Reinforced Concrete* (Aldershot: Ashgate, 2001), xvi, xvii.

2　Ibid, xvii-xix.

3　Ibid, xx.

4　Ibid, xix, xxvii.

5　Ibid, xxiii, xxiv.

6　馬冠堯：《香港工程考：十一個建築工程故事，1841-1953》，香港：三聯書店（香港）有限公司，2011 年，頁 289；*Early Reinforced Concrete*, xxiv.

東傳中國後的
租界建築

傳統中國建築以木構樑柱為主導,而西方則盛行磚石結構建築。儘管磚、石等建材自古以來就被應用於中國建築上,但只被視為輔助材料,應用於建築的填充牆和承重牆上。

自十九世紀中葉起,西方列強開始在中國沿海地區建立條約通商口岸及租界,並在其勢力範圍內取得除了治外法權、土地拍賣權、城市規劃權之外的建築設計主導權,從而引入西方的建築風格和技術,開始興建領事館、商館倉庫等。以英國主導的廣州沙面租界為例,當時中國的建築工匠尚未純熟掌握西方的建築技術,物料供應上須要依賴華南地區生產的青磚和石材,西方建築師往往以折衷方式處理區內建築的設計和結構,形成所謂的磚石木結構體系。租界建立初期的建築有三大特點:一,以木樑、木樓板建立建築的承重結構,與中式的木構樑柱結構相近;二,門窗位置則利用紅磚、石材等物料建立券拱、柱廊;三,採用三角屋架等西式建築技術。[7]

十九、二十世紀之交,隨着鋼材、水泥等新式建材成功應用於西方國家的鐵路、橋樑、房屋等各類建築,清政府開始推動新政,並在嶺南地區興辦水泥廠、煉鋼廠等實業。得益於建築技術上的突破以及就近地區提供了穩定的建材供應,建築師得以將新技術應用於沙面租界,例如透過加入型鋼以加強磚木結構建築的樓面承載能力,或是將由型鋼和混凝土製成的樓板應用在磚石承重結構上,粵海關俱樂部和法國傳教社樓等都是這類建築中的典型代表。[8]

1905 年,治平洋行(Purnell & Paget)的美國建築師 C.S. Paget 先後設計了瑞記洋行(Arnhold & Karberg & Co.)總部大樓以及嶺南大學東堂,這兩座建築皆為鋼筋混凝土結構,成為了廣州以至全中國第一批同類建築。此後,鋼筋混凝土技術開始在廣州全面發展,

應用於當地一系列教會學校建築、租界洋行以及長堤海關大樓等公共建築。到了 1920 年代，廣州經濟穩定發展，嶺南地區的建材工業發展已上軌道，市政府亦逐步頒佈有關建築技術的法規。廣州不少大型公共建築、商業和住宅樓宇均採用鋼筋混凝土技術興建，重要範例除了沙面滙豐銀行及沙面醫院，[9] 還包括廣州先施公司、新華大酒店、新亞大酒店、東亞大酒店、大新公司、愛群大酒店、中山紀念堂等建築。[10]

遠在長江口的上海租界，於 1908 年出現了第一座鋼筋混凝土框架建築——德律風大樓，自此鋼筋混凝土結構亦同樣成為了當地新式建築最主要的結構形式之一。至 1920 年代，上海的鋼筋混凝土建築不論在規模上還是高度上，都已超越廣州，成為全國最廣泛應用相關建築技術的城市。當時租界內不少建築物都以鋼筋混凝土框架技術興建，例如聞名全國的四大百貨公司（永安、大新、先施、新新）、南京大戲院、國泰大戲院、江海關人樓以及外灘的滙豐銀行等。1929 年至 1938 年間，上海十層以上的新建築達三十一座之多，其中

1934 年落成的「遠東第一高樓」——國際飯店，樓高二十二層，採用鋼框架結構，樓板和外牆則使用鋼筋混凝土。直到 1937 年淞滬會戰以後，上海租界進入「孤島時期」，高層建築的建造活動才漸趨沉寂。[11]

7　彭長歆：《現代性・地方性 — 嶺南城市與建築的近代轉型》，上海：同濟大學出版社，2012 年，頁 257-260。

8　同上，頁 260-264。

9　邵松、孫明華編著：《嶺南近現代建築：1949 年以前》，廣州：華南理工大學出版社，2013 年，頁 68、94。

10　《現代性・地方性 — 嶺南城市與建築的近代轉型》，頁 264-267、287

11　賴德霖、伍江、徐蘇斌主編：《中國近代建築史（第四卷）》，北京：中國建築工業出版社，2016 年，頁 8-9、13-19、26-27。

香港首批
鋼筋混凝土建築

1912年香港島北岸，佈滿主要用石磚建成的房屋。（高添強提供）

雖然廣州是全中國最早成功應用鋼筋混凝土技術的城市，但作為英國殖民地的香港，在引入同類技術方面的速度絕對不亞於廣州和上海，可算是齊頭並進。

從人才和建築技術傳播而言，最早一批在華設立業務的西方建築師事務所，不少都以香港為起點。儘管當中為數不少的建築師後來將根據地遷往內地，但多會在香港設立分行，使業務範圍涵蓋全國主要的通商口岸。因此，這些城市的西式建築在設計和技術應用上並不

紅磡青洲英泥廠，約 1900 年代（高添強提供）

海開辦 Oriental Construction Co.，主要承辦鐵路、水文、礦務、衛生四方面的建築工程，並於香港和馬尼拉設分行，同年更在香港《南華早報》刊登廣告，指出公司能夠為有意興建鋼筋混凝土建築的客戶提供技術支援，稱得上是香港第一批推廣相關技術的建築公司。[13]

就建築物料的生產而言，旗昌洋行（Shewan, Tomes & Co.）先於 1890 年在澳門開辦青洲英泥廠（Green Island Cement Co.），之後於 1899 年在香港設分廠，比廣東最早於 1908 年投產的廣東士敏土廠還要早。[14]青洲英泥廠生產的波特蘭水泥（Portland Cement）不僅能夠滿足香港需求，為香港建築界採用鋼筋混凝土技術創造條件，更有能力

會有太大的差距，而且不會大幅落後於歐美國家。例如 1920 至 1930 年代享譽上海租界的公和洋行（Palmer & Turner），早在 1868 年於香港創立，一直是香港最具影響力的建築事務所，到 1911 年才將總部遷往上海。另外，二十世紀初於廣州開設第一家西方建築師事務所的 William Danby，早於 1870 年代便來港擔任政府公職，在取得香港註冊建築師資格以後，才赴廣州設計沙面租界的建築物。[12]1905 年，英國建築師 C. W. Mead 在上

12 《現代性・地方性—嶺南城市與建築的近代轉型》，頁 121、122、261。

13 "Oriental Construction Co.," *South China Morning Post*, 1905-2-3.

14 Arnold Wright ed., *Twentieth Century Impressions of Hong Kong: History, People, Commerce, Industries, and Resources* (Singapore: Graham Brash, 1990), 235.

尖沙咀水警總部，約 1900 年代（高添強提供）

域多利監獄，約 1900 年代（高添強提供）

將產品遠銷至遠東各個通商口岸，例如上海最早的鋼筋混凝土框架建築——德律風大樓，就是採用青洲英泥廠生產的水泥。[15]

就建築本身而言，早在十九世紀末，政府工務司署（Department of Public Works）的建築工程已開始使用鋼筋混凝土構件，例如1884年落成的水警總部以及1906年落成的舊上環街市（Western Market，即現今的西港城）均使用鋼筋混凝土建造樓板，[16]而1902年政府屠房擴建羊欄，則將鋼筋混凝土樓板應用於鐵框架結構。[17]到了1910年，香港已出現完全利用鋼筋混凝土興建的構築物——青洲碼頭（Green Island Pier）及九龍城碼頭（Kowloon City Pier）；[18]1913年落成的工務局倉庫則首次將相關技術應用在橫樑上；1915年，域多利監獄大樓擴建部分（Gaol Extension）落成，成為香港首座採用鋼筋混凝土框架結構的政府建築物，而數年後政府的七姊妹石礦場更首次成功生產鋼筋混凝土樁，以滿足香港工務工程的需要。[19]

與此同時，相關的建築技術亦開始應用在私人建築物上。早在1908年7月，《南華早報》報道了香港棉紡織染公司（Hongkong Cotton-Spinning, Weaving, and Dyeing Company, Ltd.）的廠房以鋼筋混凝土建造的屋頂成功抵禦颱風侵襲。翌年，香港首家戲院Salon Cinema Theater翻新時則使用了鋼筋混凝土樓板，及後分別於1913年竣工的德華銀

15　"The Green Island Cement Company, Ltd," *The Far Eastern Review: Engineering, Finance, Commerce*, January 1914, Vol. X, Issue 8, 59.

16　周家建編著：《建人建智：香港歷史建築解說》，香港：中華書局（香港）有限公司，2010年，頁62、135。

17　馬冠堯：《香港工程考 II：三十一條以工程師命名的街道》，香港：三聯書店（香港）有限公司，2014年，頁255。

18　"1910 Report of The Director of Public Works"，*Administrative Reports for the year 1910*, Appendix P, 44.

19　《香港工程考 II：三十一條以工程師命名的街道》，頁257、258、351。

太古倉，1920 年代 （高添強提供）

行（The Deutsch-Asiatische Bank）以及 1916 年落成的先施百貨公司，則同樣將鋼筋混凝土技術應用於鋼框架結構當中。[20] 到了 1918 年，遠洋輪船公司（The Ocean Steamship & Co.）的太古倉（Holt's Wharf）投入服務，這是香港首座以鋼筋混凝土興建的私人建築物。[21]

由此可見，香港第一批鋼筋混凝土建築的落成時間，與廣州和上海兩大租界大抵相同，即不晚於 1910 年代。不論是公共建築或是私人建築，香港業界均在十年內完成了相關

技術應用從樓板到橫樑再到框架結構的躍進。

從 1910 年代到日本入侵香港近三十載，香港人口由 1911 年的 45 萬人激增至 1939 年的 105 萬人，工商業發展日益蓬勃，轉口貿易繁盛，對各類建築的需求隨之急增。[22] 港府除了移山填海創造新土地，地產商或工商企業亦通過拆卸重建現有建築滿足需求。隨着建築技術進步以及電梯的出現，港內樓宇開始向高空發展，以發揮土地的最大價值，而日漸成熟的鋼筋混凝土技術正好為其提供了有效可行

上環先施百貨公司，約 1920 年（高添強提供）

的支援。[23]

　　1922 年，時任工務司的白健時（T. L. Perkins）接受《南華早報》訪問，探討香港未來主流的建築結構，表明港府並非不鼓勵轄下的建築工程採用鋼筋混凝土技術，但必須考慮工程的成本效益再作定奪。港府亦會在短期內將倫敦市議會有關鋼筋混凝土建築的法例於香港刊憲，以確保新建混凝土建築有法可依。[24] 儘管白健時對外態度維持審慎，但事實上白氏早年於英國已對建築營造和物

料素有研究，亦甚為鼓勵建築物料和技術上的創新。[25] 1924 年，主力承包政府工程的 Hong Kong Engineering & Construction Co., Limited 於《德臣西報》（*China Mail*）刊登廣告介紹公司在相關技術的業務，並指出鋼筋混凝土建築與當時盛行的鋼架結構建築相比有三大優點：[26] 一，物料具有彈性（elastic properties），可抵禦地震以及風風雨雨；二，防火及防水；三，香港水泥、沙、碎石等製作

20　"A TYPHOON LESSON - Value of Reinforced Concrete," *South China Morning Post*, 1908-07-30; "A NEW CINEMATOGRAPH," *South China Morning Post*, 1909-12-30; "NEW BANK PREMISES - THE DEUTSCH-ASIATISCHE," *South China Morning Post*, 1913-08-14; "SINCERE COMPANY ENTERPRISE - FINE BUILDINGS IN DES VOEUX ROAD," *South China Morning Post*, 1916-01-07.

21　《香港工程考：十一個建築工程故事，1841-1953》，頁 289-290。

22　劉蜀永主編：《簡明香港史》，香港：三聯書店（香港）有限公司，2009 年，頁 162-163、181、209-210。

23　陳翠兒、蔡宏興主編：《香港建築百年》，香港：三聯書店（香港）有限公司，2012 年，頁 38-39。

24　"BUILDING DEVELOPMENT - USE OF FERRO CONCRETE - Some Experts' Views," *South China Morning Post*, 1922-11-04.

25　《香港工程考 II：三十一條以工程師命名的街道》，頁 256、257。

26　"Specialists in reinforced concrete," *Hong Kong Daily Press*, 1924-06-20.

混凝土原料有充足供應，加上鋼筋有大量庫存，不會耽誤工程進度（鋼架須要從歐美進口，往往費時失事）。

或許 Hong Kong Engineering & Construction Co., Limited 的廣告只是「賣花讚花香」，而且建築師選擇以何種結構技術設計建築物往往須要綜合考慮工地的地質狀況、工程成本以及建築師自己和客戶的喜好等多個因素，但事實上，這段時期本港已相繼出現以鋼筋混凝土技術興建的重要建築。除了油麻地警署（1923 年）、深水埗警署（1925 年）、警察訓練學堂（1925 年）、九龍醫院（1925 年）以及中央消防總局（1926 年）等政府設施，[27] 港內一些主要的娛樂和工商業設施均採用了這項技術，例如中國銀行大廈地庫部分（1921 年）[28]、牛奶公司冰廠（1924 年）、皇后戲院（1924 年）、利舞臺劇場（1925 年）、交易行（1926 年）、半島酒店（1927 年），[29] 以及工務局鋪設的彌敦道路面。[30]

1927 年，當局考慮到香港已經普遍採用鋼筋混凝土技術，但現行法例並未對相關的建築設計提供全面清晰的指引，因此決定修例。

皇后戲院，約 1930 年（高添強提供）

半島酒店，1928 年（高添強提供）

跟隨倫敦市議會於 1915 年規定的鋼筋混凝土條例（Reinforced Concrete Regulations of 1915），使新法例範圍涵蓋鋼筋混凝土建築的設計、建造和使用。[31] 直到 1931 年 10 月，相關修訂才正式刊憲，規定此後所有鋼筋混凝土建築圖必須符合法例要求，而且必須得到屋宇署和註冊建築師的許可，方能施工和入伙。[32] 踏入 1930 年代，鋼筋混凝土技術除了應用於香港賽馬會鐘樓及大看台（1931 年）[33]、九龍倉碼頭（1931 年）[34]、平安戲院

27　黃棣才：《圖說香港歷史建築，1920-1945》，香港：中華書局（香港）有限公司，2015 年，頁 110、122、124、126、130。

28　"NEW BANK PREMISES - THE BANK OF CHINA," *South China Morning Post*, 1921-09-21.

29　"Specialists in reinforced concrete," *Hong Kong Daily Press*, 1924-06-20.

30　"P.W.D. Plans for Kowloon - Reinforced Concrete Surface," *Hong Kong Daily Press*, 1929-10-26.

31　*Hong Kong Hansard*, 1927-06-16.

32　"New Regulations - For Building Reinforced Concrete Structures," *South China Morning Post*, 1931-10-26.

33　《圖說香港歷史建築，1920-1945》，頁 186。

34　"New Concrete Wharf of Godown Company," *South China Morning Post*, 1931-02-04.

（1932 年）[35]、明德醫院手術大樓（1933年）[36]、中華百貨公司（1933 年）[37]、中環街市（1938 年）[38]、灣仔街市（1938 年）[39] 等公共及商業設施，亦開始應用於宗教建築，[40]

包括香港仔聖神修院（1931 年）、喇沙書院（1932 年）[41]、銅鑼灣聖馬利亞堂（1937 年）、九龍城聖三一堂（1937 年）及羅富國教育學院（1941 年）[42] 等教育機構。

中環街市，約 1940 年（高添強提供）

聖馬利亞堂（高添強提供）

35　"LARGEST DRESS CIRCLE IN COLONY SUCCESSFUL TEST OF REINFORCED CONCRETE FRAMEWORK OF ALHAMBRA THEATRE," *South China Morning Post*, 1932-05-31.

36　"MATILDA HOSPITAL- Opening of Up-to-date Surgical Block - HISTORY OF PROGRESS," *South China Morning Post*, " 1933-03-04.

37　"NEW LOCAL BUILDING NEAR COMPLETION," *South China Morning Post*, 1933-06-06.

38　"CENTRAL MARKET," *South China Morning Post*, 1938-03-17.

39　"WANCHAI TO HAVE A BETTER BUILDING FINE STRUCTURE OF TWO STOREYS WORK COMMENCES," *South China Morning Post*, 1935-03-12.

40　王賡武主編：《香港史新編》，上冊，香港：三聯書店（香港）有限公司，1997 年，頁 263。

41　"MOUNTAINS REMOVED TO MAKE WAY FOR MODERN STRUCTURES THE LA SALLE COLLEGE," *South China Morning Post*, 1932-12-20.

42　"Tenders invited for New Teacher's Training College, Bonham Road, Hong Kong," *Hong Kong Government Gazette 1939 (suppl)*, no.633, 1939-11-28, 1352.

43　發展局：《活化歷史建築伙伴計劃－藍屋建築群資料冊》，2009 年，https://www.heritage.gov.hk/tc/doc/rhbtp/ResourceKit_BlueHouseCluster.pdf

　　值得注意的是，鋼筋混凝土技術在這段時期已經不再集中應用於富麗堂皇的西式建築，華人社區的一般住宅樓宇上亦能見其蹤影。例如 1922 年落成的灣仔藍屋，以木結構興建，露台部分則使用了鋼筋混凝土。[43] 在維港彼岸的九龍，落成於 1930 年代初的太子道西花墟唐樓群，算是戰前香港僅存的其中一批

太子道西的唐樓，約 1932 年（高添強提供）

香港上海滙豐銀行大樓，約 1938 年（高添強提供）

以鋼筋混凝土興建的唐樓。[44] 位於深水埗的雷生春於 1931 年落成，由九龍巴士公司創辦人之一的雷亮邀請建築師 W. H. Bourne 設計，樓高四層，樓板、橫樑、外廊欄杆、上層支柱皆使用鋼筋混凝土築建，至今屹立不倒，成為區內一大地標。[45]

　　儘管鋼框架與鋼筋混凝土框架技術的出現使香港建築業界具備興建高層樓宇的條件，但香港建築物高度受制於 1903 年實施的《公共衛生及建築物條例》。條例訂明新建的建築物高度不得超過街道寬度的一倍半，[46] 因此維多利亞城中心區域的樓宇高度在 1920 至 1930 年代普遍維持四層，其時本港最高的建築物——告羅士打行僅高九層。1935 年《建築物條例》修訂以後，新建的建築物高度進一步收緊至不得超過街道寬度的一倍，但發展商可在港督會同行政局同意下興建高於五層的樓宇。[47] 同年香港首次出現樓高十層以上的摩天大廈，分別是樓高十三層的滙豐銀行大廈以及樓高十一層的東亞銀行大廈，兩者均採用鋼架結構興建，而鋼筋混凝土技術就應用於低層和地庫的保險箱庫及金庫。[48] 儘管如此，維港

兩岸的天際線並未因這批新式建築的落成而出現大幅度轉變，與當時上海租界新建的摩天大廈，動輒十多二十層的城市景觀形成強烈對比，這個局面一直維持到 1955 年建築物條例再次修訂後才出現改變。

44　發展局文物保育專員辦事處：《古蹟周遊樂 2016》，2016 年，頁 18，https://www.heritage.gov.hk/doc/whatsnew/HF2016_Booklet_Digital_FINAL.pdf

45　發展局：《活化歷史建築伙伴計劃－雷生春資料冊》，https://www.heritage.gov.hk/tc/doc/ 雷生春資料冊 .pdf

46　馮邦彥：《香港地產業百年》，香港：三聯書店（香港）有限公司，2001 年，頁 35。

47　"Buildings," *Hong Kong Government Gazette 1935 (Suppl)*, no.87, 1935-03-22, 885.

48　"HONGKONG SKYSCRAPER - SITE FOR NEW BANK IS SCENE OF FEVERISH ACTIVITY - BUILDING WILL BE TYPHOON PROOF," *South China Morning Post*, 1934-04-17; "HONGKONG SKYSCRAPER - NEW PREMISES FOR BANK OF EAST ASIA TO OPEN JULY 2 - BUILDING OF ELEVEN STOREYS," *South China Morning Post*, 1935-07-11.

戰前香港扎鐵業

香港在 1910 年代已經出現了首批鋼筋混凝土建築，由此可以肯定同時期已出現一批負責扎鐵工序的建築工人，但考查當年港府在勞工統計的報告，對這些工人並未有任何記錄。即使到了 1930 年代，鋼筋混凝土建築相對已經普及，港府在 1939 年出版有關勞工狀況的報告書（Report on Labour and Labour Conditions in Hong Kong）中，也只是將建築業（Building Trade）工人劃分為七大類，包括機車司機（Locomotive Drivers）、木工（Carpenters）、砌磚工（Bricklayers）、油漆工（Painters）、批盪工（Plasterers）、棚架工（Scaffolders）以及雜工（Labourer）。至於當時負責扎鐵的工人實際上是否只是由這些建築工人兼任，則有待進一步考究。或許是由於人數太少，基於統計上的方便而被當局歸併入上述提及的其中一個工種，或有可能被視為建築業以外的勞工，例如與鋼筋混凝土關係緊密的水泥工（Cement Works）或工程業（Engineering）的鐵匠（Blacksmiths）等。[49]

49 H. R. Butters, *1939 Report on Labour and Labour Conditions in Hong Kong* (Hong Kong: Government Printer,1939), 142-148.

圖片來源：政府新聞處

第二章

香港重光至 1960 年代：

扎鐵業逐漸成形

百廢待舉
戰後建造業概況

1941 年 12 月，日軍佔領香港，並將其視為軍港，無意處理社會民生，致使經濟蕭條，市民生活困苦，人口由戰前的 160 萬銳減至 60 萬。[1]1945 年 8 月香港重光後，社會百廢待舉，此時香港大部分建築遭到不同程度的破壞，有一部分於日軍進攻香港或盟軍空襲期間被摧毀，也有不少空置房屋受搶掠或日久失修而毀壞。據港府於 1946 年的統計，戰爭期間香港至少有可供 16 萬人居住的唐樓建築，亦即低下階層近五分之一的住所被破壞。因此港府當務之急在於恢復社會秩序，盡快重回戰前正常運作的狀態。[2]

戰後大批居民重返香港，人口幾乎以每月 10 萬人的速度增長，到了 1947 年底已回復至戰前水平，達 180 萬，造成嚴峻的住屋問題。到了 1940 年代末，國內局勢動盪，大批人口南遷香港，進一步加劇了香港的「房荒」問題。至 1950 年，香港人口已達 200 萬，對工商業建築產生龐大需求，促使香港建築業自 1950 年代開始蓬勃發展，並逐步邁向 1960 年代中期的第一個歷史高峰。[3]戰後木材短缺，隨着建築技術不斷進步，1920 年代興起的鋼筋混凝土建築開始取代戰前盛行的木構和磚石結構建築，成為戰後本港主流的建築結構，戰前萌芽的扎鐵行業因而逐步成形，自此成為建築行業中不可或缺的一環。

當時建造業的興盛情況，首先受惠於私人物業市場市道興旺，其後擴展至公共建築領域。雖然港府於 1947 年制定了租務管制條例，規定租金不得超過戰前水平，但新建樓宇不受法例約束。到了 1955 年，當局修訂建築物條例，放寬樓宇高度限制，新建樓宇普遍可達五到六層，甚至十層以上。當局接連實施的新法例，以及持續上升的地價，促使不少發展商拆卸戰前舊樓重建獲利。他們將重建後的樓宇租予較為富裕的中產階層，迫使大量低下階層市

隨着香港人口不斷增加，政府在各處興建水塘，以滿足龐大的食水需求。（政府新聞處： AR1962-61-1）

民從戰前唐樓向寮屋區遷移，時至 1953 年，
遷移人口已達 30 萬。然而，當時新建私人樓
宇的落成量往往無法滿足新增人口所帶來的

1　《香港地產業百年》，頁 54。

2　*Hong Kong Annual Report 1946* (Hong Kong: Government Printer, 1946), 56.

3　《香港地產業百年》，頁 54-55。

住屋需求；另外，香港經濟短暫經歷 1950 年代初韓戰「禁運」政策後快速復甦，逐漸由轉口港過渡至工業城市，對工商業樓宇的需求殷切，以上情況使建造業得以持續急速擴展，從各組數字中可見一斑。1960 年間，香港新建樓宇達 1,800 幢，地產業投資額達 11.5 億元，幾乎是 1958 年的兩倍。到了 1964 年，香港新建住宅單位達 30,000 個，幾乎是 1960 年的三倍。[4]

在政府建築方面，香港重光初期，礙於政府資源有限，投放在建築方面的資源不多，主要用於修復碼頭以及主要道路網絡。新造的建築多為學校、醫院等基本公共設施，較重要的包括伊利沙伯醫院及中區政府合署等。直到 1950 年代中，私人住宅難以滿足平民百姓的住屋需求，數十萬市民居於擠迫的市區唐樓或是城市外圍雜亂不堪的木屋區和寮屋區，最終使港府無可避免地介入房屋事務，開展公共房屋政策，從此成為香港建造業的最大客戶。

1953 年聖誕夜，石硤尾木屋區發生大火，致使近 60,000 人失去家園，港府隨即於翌年將災民安置到原址附近的七層徙置大廈。這些新建的徙置大廈雖然設施簡陋，但採用鋼筋混凝土技術，不僅有助於降低木屋區的安全隱患，而且成本效益高，可以在短時間內大規模興建。石硤尾徙置區的發展經驗，使港府意識到擴大徙置計劃，有助於解決香港持續嚴峻的房屋問題。港府往後興建的徙置大廈，儘管在間隔、單位設施和層數上有所變更，但都以石硤尾的第一型徙置大廈採用的鋼筋混凝土技術和建築設計作為藍本。

事實上，徙置區計劃的開展與當時的城市規劃互相呼應，即旨在改善市區擁擠的居住環境。有系統地將市區人口安置於荃灣和觀塘兩個衛星城市，以及柴灣、黃大仙、長沙灣等市區外圍地帶利大於弊。一方面，可以更有效運用土地資源；另一方面，可以為平民百姓提供更多工作機會，與此同時也能為工廠提供廉價而穩定的勞動力。

1960 年代，香港絕大部分的新建樓宇均已採用鋼筋混凝土框架技術興建。[5] 扎鐵工人成為推動香港城市建設的中堅分子，他們協助建造了無數住宅樓宇，讓數以十萬計的市民找到安身之所，大大改善了香港低下階層的居住

至 1960 年代，香港政府已為超過 60 萬市民提供廉租屋，在背後是每天辛勤建屋的建築工人，為市民默默耕耘。
（政府新聞處： AR1964-24-1）

環境。單在 1955 年至 1960 年間，當局建造
的徙置大廈就已經讓 35 萬居於木屋區的居民
成功「上樓」。[6] 到了 1970 年，連同與徙置

4　同上，頁 73。

5　*Hong Kong Annual Report 1960*（Hong Kong: Government Printer, 1960), 157.

6　"Number of Persons Resettled 1955-60," *Hong Kong Annual Report 1961*（Hong Kong: Government Printer, 1961).

計劃幾乎同步開展的廉租屋計劃，使香港逾四成人口已經成為了公共房屋計劃的受惠者，居住人數接近 100 萬。[7] 在商業中心區，高於二十層的摩天大廈相繼落成，[8] 十五至二十層的多層建築也開始出現於九龍半島以至中環以東的港島北岸市區。[9] 扎鐵工人不僅是香港天際線的革新者，也是讓城市面貌煥然一新的幕後功臣。1957 年 3 月，香港新樓與舊樓比例為 39：61，到了 1964 年 3 月比例已大幅改變至 75：21。[10]

1960 年，窩打老道擴闊工程（政府新聞處：AR1960-36-1）

7　*Hong Kong Annual Report 1970* (Hong Kong: Government Printer, 1970), 120.

8　*Hong Kong Annual Report 1957* (Hong Kong: Government Printer, 1957), 199.

9　*Hong Kong Annual Report 1959* (Hong Kong: Government Printer, 1959), 186.

10　《香港地產業百年》，頁 73。

1965 年的中環，建有各類型新式建築物，大都以鋼筋混凝土模式興建。（高添強提供）

早期工作流程

扎鐵業雖然於 1960 年代才開始成形，但當時工人施工已有明確的工作流程，嚴格而言可細分成三個工序，包括「拆則」、「開料」和綁扎鋼筋，與今天的施工程序相比大同小異。

當建築師擬定設計圖則後，首先由經驗豐富、教育程度較高的工人負責「拆則」，即規劃扎鐵工作，然後畫出簡單圖則，為「開料」做好準備。當工人收到拆則師傅的尺寸紙後，須按要求裁剪鋼筋以及屈曲至合適的形狀。當時建造業尚未展開機械化進程，從「開料」到扎鐵主要依靠人力，並輔以簡單工具協助。當工人「開料」時，需要數人合力固定鋼筋，然後由力氣較大的負責「打大槌」，即利用重量達十多磅的槌子將鋼筋打斷成數截。

如果要「屈鐵」的話，更需要數名工人合力用「磨掹」才能屈曲鐵枝至合適形狀。當時香港地盤使用的鋼筋大多是光身鐵，俗稱「R 鐵」（尺寸以分計算，例如 5 分、6 分、7 分、1 吋），主要來源於內地和日本，日本鋼材的質素相對高得多。

工人完成「開料」後，須要用人手搬抬鐵枝到工作樓面。如果建築工地屬於多層建築，又沒有吊桿輔助的話，就須要「排柵上鐵」。首先，工人用麻繩綁緊鋼筋的末端，由第一個工人從地下沿着竹棚向上爬一層，下方有兩個工人扶着鋼筋向上推；然後有另一個工人從地下加入接力，大家以遊繩的方式運送鋼筋，一層接一層將鋼筋送到樓面，再由樓面的工人將鋼筋拖進樓面，最後將鐵托到工作位置。[11]

接下來的工序就是綁扎樓面的鋼筋，亦是整個扎鐵流程中最重要的一環。工人須要根據圖紙合力「楝柱頭」，即像插秧那樣將一束束鐵柱豎起，作為層與層之間的架樑，然後再建造地面、外牆、樑柱、樓梯等部分，並使用一些小工具加以輔助，包括用作打直彎曲鐵枝的「掹仔」、量度尺寸的六節木尺以及扭鐵線

的「鈎仔」。[12] 這項工作的高效完成，不但要求工人對鐵料的特性有一定認識，而且非常講求眼力和手力，若只用一股「死牛力」，只會過猶不及。[13] 扎鐵工人完成樓面工作後，扎鐵部分的工作才暫時完畢，交由其他工人負責「釘板」及「落石屎」，一個樓面的基本建築工作方告完成，然後移師下一樓面，像這樣不斷重複上述工序，直至建築物平頂完工為止。[14]

11　口述歷史訪問，張華先生、陳嘉先生。

12　口述歷史訪問，蕭樹棠先生。

13　〈建築工人工作艱辛風吹雨打為了賺銀〉，《華僑日報》，1963年4月27日。

14　口述歷史訪問，林萬民先生、李錦輝先生。

1950年代，扎鐵工人以「排柵上鐵」的方式，在每層樓的外場棚架安排一位工人，垂直連成一條輸送線，將鋼筋一支一支由地下傳到建築樓面。（政府新聞處：AR1958-23-1）

早期工人來源

扎鐵工人與其他前線建築工人一樣，都屬於低技術工人，因此勞工都出身於低下階層，教育程度不高。這些工人有從內地南下香港的新移民，也有十多歲就要投身社會去幫補家計的小伙子，亦有希望找尋更好機會而轉行的工廠工人。當時加入扎鐵業的工人，絕大部分都是通過家人、親戚、朋友等「中間人」介紹入行，也有小部分人是直接加入親戚開辦的工程公司。由於扎鐵工作的要求簡單，基本上只要是身壯力健的男子，即使毫無建築業相關經驗，也可以應徵，建築公司也不需花太多時間篩選，就能聘請足夠數量的工人。由於入行的工人都是熟人介紹，所以工人入職前已經對行業性質和工作內容有所認識，正式工作時也有人照應，並有機會找到其他工作。對於人生路不熟的新移民而言，能夠與同鄉從事同一工作，不但可以相互幫忙，而且有助於自己更快地融入戰後香港急速轉變的社會環境。

儘管當時入行的扎鐵工人絕大部分都是年輕力壯的門外漢，但也有地盤出現扎鐵女工的身影，只不過多數負責綁扎樓面鋼筋等相對輕鬆的工作。除此以外，當年也有少數從事夜冷貨行業的打鐵師傅或是早年已投身建築業的鐵工師傅選擇入行。由於這批工人有一定工作經驗，因此在工地內多擔任管工或判頭一類管理職位，肩負指導後輩的任務，多能贏得工人的信任和尊重，其薪金待遇也相對優厚。[15]

15　口述歷史訪問，陳嘉先生。

入行第一步：學師

1970 年代以前，港府尚未建立普及教育制度，在有限的資源下，更遑論為扎鐵工人等藍領工人提供全面的職業培訓。當時新入行的工人都是通過「學師」，即擔任地盤師傅的學徒來熟習工作內容及累積經驗。扎鐵學徒往往無固定的工作內容，多負責只需講求氣力的「下欄」工作，例如協助搬運、裁剪鐵料，有時也可能要做一些雜務工作，例如清理廢料、幫助泥水木工搬運等。

由於扎鐵工作關鍵取決於工人手藝高低，但是斷定學徒是否符合要求的只有師傅，沒有教科書般的工作指南可以參考，因此學徒須要邊做邊摸索。學徒除了要熟悉不同鐵料的特性、掌握各種屈鐵技巧的小竅門之外，還要持刻苦耐勞、主動積極的工作態度以獲得師傅的肯定。踏入 1960 年代，建造商會開始舉辦一些短期訓練班讓工人參加，[16] 摩利臣山工業學院也設有為期數個月的扎鐵課程讓同行報讀，但只屬於輔助性質，而且學費昂貴，因此學師的關鍵還在於平時累積的實戰經驗。

扎鐵學徒與其他建築工種的學徒一樣，完成「學師」的時間因人而異。正常來說，學徒工作大半年到一年已經可以掌握基本功，既可應付搬鐵、剪鐵等「開料」工作，也可以到建築樓面負責綁扎鋼筋，兩三年後就能夠成為一名熟練工人。如果工人能力出眾又獲得師傅肯定，往往可以晉升為地盤內的小師傅甚至是管工，有時更可以學習「拆則」。當掌握這門技巧以後，可以清楚如何精確綁扎、屈曲鋼筋，對講求腦筋靈活、手藝靈巧的扎鐵工作來說必定事半功倍。[17]

長工、散工與工資

扎鐵自 1960 年代起成為本港建造業不可或缺的一環，工作模式與其他建造業工種一樣，可分為「長工」和「散工」，至今維持不變。「長工」受僱於建築公司或扎鐵商，按公司安排前往轄下不同地盤工作；「散工」可自由前往不同公司的地盤工作，但往往比較辛苦。一般來說，工人每天工作八小時，早上八時上班，工作至中午休息一到兩小時，然後再工作到五時或六時下班，為「一工」，大多每日下班給薪，亦有每半月給薪者。

不少工人由於當時經濟條件差，甘願埋頭苦幹，希望多賺一些工資。他們彼此之間講求工作速度和質量，往往不太留意下班時間，白天專注「開料」、扎鐵，每日搬運二百到三百支鋼筋不在話下，到了晚上就負責「屈洛仔」，甚至在地盤露宿過夜，以賺取「工半」或「兩工」工資。更有甚者，週末如常工作，甚至全年只有農曆新年三天假期方告休息。扎鐵工作十分艱辛，力有不逮者幾乎佔了同期入行工人當中近一半，他們往往工作數天就辭職或被公司解僱，因此能應付扎鐵工作的工人都是身壯力健的硬漢子。建築公司對工人待遇較好，地盤不但有午餐供應，晚上加班更有「補水」，期間薪金雙計，而且提供工地宿舍。工人入行三到五年後，經驗較佳、有能力教授後進者，足以勝任師傅一職，日後更可晉身判頭行列，自立門戶。[18]

1950 年代中後期，一般扎鐵工人「一工」可賺取 6 元，隨着建造業市道漸趨蓬勃，1960 年「一工」薪水增加到 10 元左右。[19] 到了 1964 年前後，建造業達到了戰後頂峰，儘

16　〈建造商會首腦指出訓練建築工人目的一面解決青年就業一面培養建築技工〉，《華僑日報》，1964 年 8 月 12 日。

17　口述歷史訪問，莫想深先生。

18　口述歷史訪問，黃少明先生、張華先生、陳仲齊先生。

19　口述歷史訪問，陳嘉先生。

管扎鐵工人日薪已倍增至 20 到 30 元，但工資增幅只是勉強追上通脹水平。建築工程往往受天氣和不同工序的進度影響，工資的波動頗大，實際上工人平均每月可以開工賺錢的日子只有大約二十日。與一般藍領階層一樣，扎鐵工多居住於城市外圍的寮屋區或市區的唐樓，家庭收入較佳者則可以負擔得起廉租屋房租，但賺取的薪金扣除家用和交通費後已經所餘無幾。由於每天從事體力勞動工作，三茶兩飯、買煙買酒亦屬等閒事，因此大部分工人的收入只能勉強支撐生活所需。[20] 但如果開工的月份天氣好，公司又給予較市價理想的工資，際遇良好的熟手技工月薪可達 1,000 元，足以媲美白領員工。[21]

踏入 1960 年代中，地產市道因受 1965 年銀行信貸危機及六七暴動打擊而出現衰退，[22] 建造業因私人建築工程數目大減而受牽連，全港建築工人由 1964 年全盛時期的 15 萬人減少至 1967 年的 12 萬人左右。[23] 期間扎鐵工人薪金曾一度減少三分之一到一半，日薪約為 16 到 20 元，工人大多要節衣縮食，甚至轉行到製造業當工廠工人。幸好同期以徙置區及廉租屋計劃為核心的政府工務工程依舊蓬勃，使扎鐵業不至於受到太大的衝擊。[24] 1969 年，隨着地產市道復甦，扎鐵業市道很快就回復至 1964 年黃金時期的水平。1971 年，扎鐵工平均日薪 40 元，經驗豐富且公司待遇佳者更可賺取高達 60 元的日薪。[25]

1965年，海港城的興建工程如火如荼，並成為日後九龍海濱的新地標。
（政府新聞處：AR1965-8-1）

20 〈建築工人工資雖提高但對生活裨助並不大〉，《華僑日報》，1964年10月9日。

21 〈建築工人暢談工作情形資方提高工價多因環境需要〉，《華僑日報》，1964年10月20日。

22 《香港地產業百年》，頁102-104。

23 〈本港建築工人數字十五萬減至十二萬〉，《華僑日報》，1967年3月8日。

24 〈建築工人開工少不及正常十分二〉，《華僑日報》，1967年9月3日；〈本港建築工人減為十二萬餘建築員工却說實際不足此數〉，《華僑日報》，1966年3月4日。

25 〈建築工人仍吃香榮鐵日薪達六十元〉，《華僑日報》，1971年11月28日。

圖片來源：香港建築扎鐵商會

第三章

1970 至 1990 年代：

扎鐵業走向現代化

經濟起飛下的建造業

年份	住宅用途	非住宅用途	合計
1971	664	1,199	1,863
1972	936	1,235	2,171
1973	973	1,064	2,037
1974	1,068	964	2,032
1975	639	881	1,520
1976	616	888	1,504
1977	732	1,577	2,309
1978	947	1,769	2,716
1979	863	2,013	2,876
1980	858	1,750	2,608
1981	1,084	2,108	3,192
1982	927	2,449	3,376
1983	1,103	1,989	3,092
1984	627	1,304	1,931
1985	1,463	1,444	2,907
1986	1,184	1,352	2,536
1987	1,403	1,395	2,798
1988	1,321	2,408	3,729
1989	1,789	1,859	3,648
1990	1,371	1,423	2,794
1991	1,831	2,168	3,999
1992	947	2,144	3,091
1993	1,514	1,660	3,174
1994	1,205	1,640	2,845
1995	1,089	1,286	2,375
1996	819	1,073	1,892
1997	775	1,148	1,924

* 單位為千平方米

1970 年到 1997 年近三十年間，香港人口從 390 多萬增至 620 萬餘，社會經濟基本維持蓬勃發展。龐大的建設需求令建造業持續受惠，但平均每五到十年間就會跟隨政經環境轉變而作出調整，政府歷年來的統計數字可大抵說明。[1] 從全港每年新落成樓宇實用樓面面積（包括住宅及非住宅樓宇）得知，建造業同期大體維持正面發展的趨勢，但分別於 1974 年至 1976 年石油危機、1982 年至 1984 年中英香港前途談判、1989 年「六四事件」三段時期受到負面影響，往後的一兩年內又跟隨香港經濟快速反彈。[2]1981 年到 1997 年，香港就業人口由 250.7 萬上升到 316.4 萬，而建造業的就業人口一直維持在 20 萬左右的水平。1996 年，新機場核心計劃進入尾聲而須要加

快施工，行業人口開始增加，高峰期達 30 萬左右。另外，建造業長年平穩發展，每年穩佔香港生產總值約 5% 至 7%，對經濟作出實質的貢獻。[4] 建造業的蓬勃發展無疑令扎鐵工程的需求大幅提升，造就扎鐵業的工人數量和技術、實際運作，以至機械引入等在這段時期都有長足的發展。

公共房屋與新市鎮計劃

1970 年代建造業的蓬勃發展，由「十年建屋計劃」以及新市鎮計劃揭開序幕。1973年，港府宣佈推行「十年建屋計劃」，目標在 1982 年為 180 萬港人提供設備齊全且居住環境合理的居所，計劃預計興建近七十個屋邨，當中小部分來自重建後的徙置區。為了使計劃

建造業
佔全港本地生產總值（以要素成本計算）比率
（1980－1997 年）[5]

年份	本地生產總值*	建造業*（所佔比率）
1980	134,451	8,929（6.6）
1981	164,711	12,385（7.5）
1982	183,205	13,371（7.3）
1983	201,505	12,885（6.4）
1984	239,789	12,917（5.4）
1985	253,873	12,679（5.0）
1986	296,008	14,253（4.8）
1987	366,795	17,024（4.6）
1988	438,255	20,658（4.7）
1989	498,935	25,738（5.2）
1990	559,446	30,220（5.4）
1991	631,514	34,659（5.5）
1992	732,120	37,337（5.1）
1993	830,169	43,089（5.2）
1994	950,172	46,325（4.9）
1995	1,016,115	54,761（5.4）
1996	1,130,212	65,068（5.8）
1997	1,256,182	73,139（5.8）

* 單位為百萬港元

1　政府統計處：《一九九六年中期人口統計——主要報告》，香港：香港政府印務局，1996 年，頁 19；口述歷史訪問，李錦輝先生、林萬民先生、盧登先生。

2　Census and Statistics Department, *Annual Digest of Statistics 1981* (Hong Kong: Government Printer), 139; Census and Statistics Department, *Annual Digest of Statistics 1981* (Hong Kong: Government Printer), 175; Census and Statistics Department, *Annual Digest of Statistics 2001* (Hong Kong: Government Printer), 134.

3　Census and Statistics Department, *Annual Digest of Statistics 1981* (Hong Kong: Government Printer), 139; Census and Statistics Department, *Annual Digest of Statistics 1991* (Hong Kong: Government Printer), 175; Census and Statistics Department, *Annual Digest of Statistics 1996* (Hong Kong: Government Printer), 117; Census and Statistics Department, *Annual Digest of Statistics 2001* (Hong Kong: Government Printer), 134.

4　何佩然：《築景思城：香港建造業發展史，1840-2010》，香港：商務印書館（香港）有限公司，2010 年，頁 240、242-243。

5　政府統計處：《本地生產總值估計——一九六一年至一九九八年》，頁 66-67。

順利推行，香港房屋委員會於同年成立，負責統籌全港的公共房屋事務，並以房屋署作為執行機構，將全港各類型由政府興建的房屋統稱「公共房屋」。1976年，房屋委員會推行「居者有其屋」計劃，為無法負擔私人住宅的市民提供自置居所的機會。[6]

由於十年建屋計劃需要大量的土地和基建配套，因此建屋計劃進一步推動了新市鎮計劃的發展。規劃當局汲取了觀塘與荃灣兩個衛星城市的發展經驗，於建設沙田及屯門兩個新市鎮時，在以分散市區人口為目標的基礎上，強調「均衡發展、自給自足」的規劃理念，平衡公共房屋與私人住宅的發展，帶動一定規模的工商業發展，希望在為社區提供完善的配套設施之餘，也能夠為居民提供更多就業機會。[7]

1982年，十年建屋計劃雖然無法完成當初的建屋目標，但已經解決了香港100萬居民的住屋問題，算是取得了成功。與此同時，十年建屋計劃亦令沙田和屯門在十多年間發生翻天覆地的轉變，由不到50,000人的墟市，搖身一變成為接近30萬人口的大型社區。相

比位置偏遠的屯門，沙田在各方面的發展都優勝得多，城門河兩岸興建了各類高密度公共與私人住宅，市中心為商業與購物區，工業區則設在東北面的小瀝源和火炭區，且位置鄰近九龍市區，交通便利，有電氣化的九廣鐵路連接，方便市民通勤，基本實現當初的規劃理念。[8]

1987年，港府推出了《長遠房屋策略》，指導往後公共房屋政策的發展方向，重點除了加快公屋興建、擴展居屋計劃，也致力為無法負擔私人住宅的市民提供居所。這時期新建的公共房屋，大多位於大埔、粉嶺、上水、馬鞍山等第二代新市鎮，還有1990年代開始發展的天水圍與將軍澳。1997年，「長策」推行了近十年，完成了同期興建約45萬個單位的目標，其時公共房屋政策已推行了逾半個世紀，為香港半數人口提供了安居樂業之所，也成功將香港大量人口遷移到新界地區，大大減低了港九市區的擠迫程度。[9]

1986 年，從山頂俯瞰港九兩岸，高樓大廈林立，「石屎森林」
之名不脛而走。（高添強提供）

6　《香港地產業百年》，頁 192-195。

7　《香港地產業百年》，頁 192-195。

8　同上。

9　《香港地產業百年》，頁 207-209、285。

拓展公共建設

　　隨着社會發展、人口漸增，港府亦逐步擴展教育、醫療、治安、社會福利等公共服務，興建各類設施以滿足社會日漸增加的需求。市政兩局遍佈各區的市政大廈、圖書館和體育館，也回應了大眾在日常生活消閒方面的部分訴求。這時期落成的大型公共建築，除了瑪嘉烈醫院、威爾斯親王醫院、東區醫院等區域性大型醫療設施，還有以香港體育館、香港藝術中心、香港文化中心、太空館、藝術館等為代表的文娛康樂設施，以及香港中文大學、香港理工學院（現香港理工大學）、香港演藝學院等高等學府。

　　為了與城市的急速發展同步，交通日益繁忙，道路網絡亦逐步擴展。自 1960 年代中開始，政府為了提高汽車流量，於是在市區主要幹道的交匯點興建行車天橋，並動工興建通往沙田的獅子山隧道以及連接港九兩岸的紅磡海底隧道。1970 年代以後，隨着城市向外擴張，新市鎮計劃開展，連結各區的主要幹道多以長距離的高架橋網絡興建，促進人流和物流往來。例如東九龍走廊、西九龍走廊、東區

走廊等幹道貫穿港九市區，方便車輛繞過擠迫的內城區，快速前往目的地；青衣大橋及屯門公路的興建，則分別成為青衣島、屯門和元朗連接九龍市區的主要通道。隧道建設方面，1980 年代有香港仔隧道、機場隧道，還有連接九龍與沙田的大老山隧道和城門隧道相繼投入服務。到了 1989 年，連接港島東區與觀塘區的東區海底隧道通車，成為了香港第二條海底隧道。

　　面對日益嚴重的交通擠塞，不斷擴充道路網絡治標不治本，只有興建集體運輸系統才是長遠解決問題的上策。港府經過 1960 年代對香港交通狀況及未來發展趨勢的評估，於 1975 年開始修建首條連接石硤尾至觀塘的地鐵線，並於 1979 年通車，隨後荃灣線和港島線於 1980 年代相繼通車，地鐵網絡貫通港九市區。1997 年，地鐵每日服務近 220 萬人次，佔全港公共交通乘客人次約 20%。[10] 地下鐵路的興建，不僅為市民提供方便快捷的出行方式，紓緩路面交通擠塞的情況，也帶動了鐵路沿線的發展。車站附近多為人流暢旺的購物商場，而車站上蓋和毗鄰土地價值連城，為私人

物業發展創設龐大市場並注入巨大動力。

1990 年代，香港基建發展以新機場核心計劃為重心，計劃共分十項，包括赤鱲角機場、東涌新市鎮、連接市區與機場的機場鐵路、西區海底隧道、兩條快速公路、兩條公路幹線，以及中環、灣仔一帶與西九龍區的大規模填海計劃。整個項目到 1998 年基本完成，總工程造價逾 1,550 億元。[11]

10　運輸署：〈1989—1999 年按交通工具分類平均每日乘客人次〉，《運輸資料年報 2000》，頁 54，https://www.td.gov.hk/filemanager/tc/content_525/td2000c_s05.pdf

11　劉智鵬、黃君健、錢浩賢編著：《天空下的傳奇：從啟德到赤鱲角》，香港：三聯書店（香港）有限公司，2014 年，頁 83-91。

1978 年，黃大仙地鐵站的建築地盤（高添強提供）

新機場工程建築期間，為爭取時間，扎鐵工人裸身在水中工作，亦在所
不惜。（香港建築扎鐵商會提供）

新機場建於赤鱲角及毗連的欖洲，兩島的面積分別為三百零二公頃及八公頃。工程進行期間，承建商在三十一個月內搬運的物料，平均每秒達十公噸。
（政府新聞處：AR1996-73-1）

香港機場核心計劃包括兩條異常矚目的大橋，青馬吊橋規模較大，橫跨青衣島與馬灣之間的馬灣海峽；汲水門大橋採用拉索橋方式建築。圖為興建中的汲水門大橋，聳立於馬灣與大嶼山之間的汲水門海峽上。
（政府新聞處：AR1996-59-1）

西區海底隧道工程（香港建築扎鐵商會提供）

私人住宅

1970 年代，香港平均每年約有 20,000 個私人住宅單位落成。[12] 由於政府開始涉足房屋事務，滿足了相當一部分低下階層市民在住屋方面的需求。隨着經濟持續發展，追求更佳居住環境的中產階層不斷壯大，地產商除了延續早年拆卸舊區唐樓用作興建商住混合樓宇的做法，也逐漸傾向以屋苑形式發展的住宅項目，希望在寸金尺土的情況下追求更大的投資回報，其中以 1960 至 1970 年代分階段落成的美孚新邨最具開創性。美孚新邨採用了綜合發展規劃模式，有別於以往的私人住宅設計。除了住宅採用兩三面單邊，有利通風採光的設計外，屋苑亦同時興建學校、診所、社區中心及購物商場，還設有公園、球場等公共空間，為居民提供恬靜的生活環境，而且位置四通八達，方便居民日常通勤外出。美孚新邨於 1976 年竣工，整個社區可容納 70,000 名居民，號稱當時全球最大型的私人屋苑，[13] 同時期發展的同類項目，還有位於港島的太古城及置富花園。

到了 1980 年代，香港每年私人住宅單位新增供應量增加至 30,000 個左右。[14] 由於綜合發展規劃模式受到市場歡迎，漸漸成為地產商發展私人住宅的主流模式。隨着樓價和地價屢創新高，私人住宅市場逐漸由數家財雄勢大的大型地產發展商所控制，而且不少屋苑以位處地鐵沿線作為賣點，較重要的項目包括綠楊新邨、杏花邨、黃埔花園、滙景花園等。隨着新市鎮計劃發展日漸成熟，自 1980 年代中起，新界取代了港九市區，成為大多數新建私人住宅供應地區的來源，[15] 較具代表性的例子包括沙田第一城以及天水圍的嘉湖山莊。私人住宅市場興旺的局面，一直維持到 1997 年亞洲金融風暴才告終。（見下頁表）

12　Census and Statistics Department, *Annual Digest of Statistics 1981* (Hong Kong: Government Printer), 142.

13　《香港建築百年》，頁 86-87。

14　Census and Statistics Department, *Annual Digest of Statistics 1991* (Hong Kong: Government Printer), 177.

15　Census and Statistics Department, *Annual Digest of Statistics 1996* (Hong Kong: Government Printer), 120.

全港新建私人住宅單位（1971 – 1997 年）[16]

年份	數目（個）
1971	13,510
1972	22,045
1973	25,565
1974	20,765
1975	14,530
1976	15,425
1977	20,870
1978	26,230
1979	27,795
1980	24,995
1981	33,475
1982	23,140
1983	21,620
1984	22,270
1985	29,875
1986	34,105
1987	34,375
1988	34,470
1989	36,485
1990	29,400
1991	33,380
1992	26,222
1993	27,673
1994	34,173
1995	22,621
1996	19,875
1997	18,202

工商業樓宇

踏入 1970 年代，香港工業蓬勃發展，工商各界對工業樓宇的需求大幅增加，以支持紡織、製衣、塑膠、電子四大製造業，以及與之息息相關的物流貿易和倉庫業發展。工業樓宇一般以多層大廈形式興建，遍佈葵涌、荃灣、長沙灣、觀塘等主要工業區。1971 年到 1978 年，香港分層工業樓宇年均新增供應接近 500,000 平方米，[17] 當中於 1974 年至 1980 年，香港工業樓宇的建造工程每年平均增幅達四成，1979 年新增供應更達 1,279,000 平方米的高峰。[18] 隨着內地推行改革開放政策，香港製造業於 1980 年代開始相繼北移，各行各業對工業樓宇的需求漸減，每年多層工廠大廈的落成面積從 1970、1980 年代的高峰，大幅下降至 1992 年以後每年 200,000 平方米以下，[19] 空置工廈單位不斷增加，而不少工廈就在香港與珠三角「前店後廠」的分工格局下，留作行政和物流等後勤用途。[20] 這段時期新建的工業樓宇，多集中於新界的工業村，工業廠房遷離人口稠密的市中心，使城市規劃更有條理。

隨着香港經濟逐漸轉型，在此消彼長的

情況下，人們對工業樓宇的需求慢慢減弱，同時人們對商業樓宇的需求則逐步提升。到1970年代，香港的金融、貿易及旅遊業逐漸打下穩固基礎，全港寫字樓面積從1975年的僅1,128,000平方米，[21] 擴大到1981年的2,434,000平方米，短短六年間急增逾一倍。[22] 1980年代，香港受惠於內地改革開放政策，成為內地與世界交流的窗口，並確立了作為世界四大金融中心之一的地位。當時大批資金相繼從澳洲、東南亞及經濟處於高峰的日本和台灣湧入，大力推動了商業樓宇的建設，例如港島北岸相繼出現樓高五十層以上的高級商廈。[23] 1981年到1989年間，全港新落成寫字樓樓面面積以每年平均310,000平方米的速度增長，到1989年已達4,657,000平方米。[24] 踏入1990年代，每年全港寫字樓新建面積則上升至約400,000平方米，至1997年，寫字樓總面積高達7,889,000平方米。[25]

　　隨着市民生活水平日漸提高，香港各區出現了大大小小的購物商場，商場上蓋大多以單一土地用途的形式發展住宅、寫字樓或酒店，漸漸扭轉了早年住宅樓宇商住混合的局面，為大眾提供更舒適的休閒和工作環境。

16　Census and Statistics Department, *Annual Digest of Statistics 1981* (Hong Kong: Government Printer), 142; Census and Statistics Department, *Annual Digest of Statistics 1991* (Hong Kong: Government Printer), 177; Census and Statistics Department, *Annual Digest of Statistics 1996* (Hong Kong: Government Printer), 120; Census and Statistics Department, *Annual Digest of Statistics 2001* (Hong Kong: Government Printer), 137.

17　Census and Statistics Department, *Annual Digest of Statistics 1978* (Hong Kong: Government Printer), 178.

18　Census and Statistics Department, *Annual Digest of Statistics 1986* (Hong Kong: Government Printer), 152.

19　Census and Statistics Department, *Annual Digest of Statistics 1996* (Hong Kong: Government Printer), 123.

20　劉蜀永主編：《簡明香港史》，香港：三聯書店（香港）有限公司，2016年，頁380。

21　Census and Statistics Department, *Annual Digest of Statistics 1981* (Hong Kong: Government Printer), 143.

22　Census and Statistics Department, *Annual Digest of Statistics 1991* (Hong Kong: Government Printer), 178.

23　《香港地產業百年》，頁225。

24　Census and Statistics Department, *Annual Digest of Statistics 1991* (Hong Kong: Government Printer), 178.

25　Census and Statistics Department, *Annual Digest of Statistics 1996*, (Hong Kong: Government Printer), 122; Census and Statistics Department, *Annual Digest of Statistics 2001*, (Hong Kong: Government Printer), 139.

踏入1990年，香港建築物不斷向高空發展，建築工程亦無時不在進行，地盤發出的嘈吵聲到處可聞。（政府新聞處：AR1990-20-1）

扎鐵業現代化

分判制度的確立

　　一項建築工程往往牽涉不同類型的工序，而建造業以項目為業務單元，建築商接到工程合約前，都無法準確預估收支，因此長期僱用和管理不同建築技術的工人並不符成本效益。建築商為了節省直接管理、行政、招聘方面的成本和時間，多會公開招標，委託承建商和分判商依照各自專長和經驗負責不同工序。承建商和分判商中標以後，按照工程合約在施工期內招聘工人，直接管理所屬工序，並按工程進度或合約要求分段支取工程費用。

　　隨着扎鐵自 1960 年代起成為建造業的一個主要工種，扎鐵業也跟隨泥水、油漆等傳統建築工種一樣確立了分判制度。一般來說，扎鐵商在施工過程中「包工不包料」，即只負責提供鐵線、磚頭、機械、工人，然後跟隨圖則施工，鋼筋來源由發展商決定，亦有小部分香港大型鋼鐵廠以「二判」身份直接提供「包工包料」服務。[26]

　　1970 年代以前，扎鐵行業規模相對較小，判頭之間競爭不大，行內人際關係和公司信譽往往是決定工程合約誰屬的關鍵，因此承建商不一定將工程合約給予投標價最低的扎鐵商，甚至不作公開招標就將工程發判給相熟的判頭。[27] 當年業內以寶安、浩洲、莫深記及陳嘉實力最強，佔去香港大部分扎鐵商的工程份額，合稱「四大判頭」。由於早年建築規模一般較小，設計大多一式一樣，判頭往往可以負責拆則的同時管理屬下工人，則樓和承建商做事不如現在這般官僚，各方均着眼於如何解決問題，處事方式較為簡單直接，工作相對今天輕鬆得多。[28]

26　口述歷史訪問，李錦輝先生、陶永賢先生。

27　口述歷史訪問，莫想深先生、李錦輝先生。

28　口述歷史訪問，陳落齊先生、李惠達先生。

1970 年代以後，承建商挑選分判商時，除了依舊重視投標者的行內人際關係和公司信譽外，也會考慮造價、經驗、安全紀錄等諸多因素，並確保招標制度公開透明，杜絕貪污等違法手段。隨着地盤施工規模的擴大，分工亦愈見清晰，「二判」不再能單獨處理龐雜的工作，因此須要按照施工計劃將工序外判，令分判架構愈來愈複雜。1990 年代，扎鐵業內的行家也從二十多家漸漸倍增至約五十家。[29] 在這批新晉判頭當中，大多是「紅褲子」出身的扎鐵工人，他們通過個人努力，累積了豐富的工作經驗，建立了良好的個人信譽，拓展人脈關係，並獲得師傅或前輩推薦，把握承包工程的機會，之後利用行業擴充的平台再自立門戶。有些人則是因為叔父輩年事已高而要接掌家族業務，甚至有修讀建築圖則或地盤管理課程出身的管理人員，與從事建造業其他工種的朋友合組公司承包工程。[30]

以一個大型屋苑地盤為例，一般來說「二判」之下為「三沙」，泛指代表「二判」管理地盤扎鐵工序的師傅，絕大部分都由以扎鐵為正職的工人擔任，他們負責安排地盤的人手、物料及監察工程進度。「三沙」一般可獨自管理單座樓宇的扎鐵工程，有能力者更可管理一個屋苑項目的所有扎鐵工程。「三沙」將地盤的扎鐵工程按情況分拆成各個小份（例如一層樓面的扎鐵工程）後，再分判給「四沙」、「炒散」，甚至「五沙」、「六沙」，如此類推。[31]

由於「二判」在工程投標時，基本上已經確定了成本支出以及完工後可從「大判」那裏賺取的收益，因此各層分判在施工時可督促工人加快完成工作，或實際聘用比編制少的人手以提高工作效率，從中節省人力成本，賺取較多佣金。[32] 在分判制度下，還有負責專門招攬工人的「蛇頭」。「蛇頭」是行內工作經驗豐富、擁有較佳人脈且獲得「二判」信任的工人。儘管「二判」往往有一批工人作為固定「班底」，但地盤難免出現人手不足的情況，這時候「蛇頭」便會協助「二判」招攬散工，從中賺取佣金。「蛇頭」有別於一般分判，通常都不會參與地盤的管理工作，也不以晉身判頭作為事業目標。[33]

日常工地管理

　　雖然有經驗的工人選擇晉身判頭行列，希望通過接洽大大小小的工程在事業上取得更大成就，但很多時候也要考驗自身的營商頭腦、處事經驗和應變能力，工作殊不簡單。

　　每當建築商就新工程展開招標，扎鐵商往往只知道建築款式、樓面面積、負重量等基本資訊，就要在數個月的投標期內計算好工程成本和施工時間表，憑經驗決定是否投標，有時候甚至要「捱義氣」幫助師傅或相熟行家以微利承包工程。[34]

　　到了施工階段，由於工地以流水作業形式運作，扎鐵判頭須要與旗下工地的「三沙」保持聯絡，確保工人緊貼施工計劃，一方面向「大判」定時交待進度，另一方面為避免影響其他工序，更不時須要親身「落場」指導工人技藝，甚至與工人一起趕工扎鐵。有時候天氣欠佳，或釘板、混凝土工人人手不夠，同樣都會拖慢整體工程進度，反過來減少扎鐵工序可用的工作時間。如果地盤上下不能及時應變，扎鐵商很可能要以虧本收場。[35]

　　自 1980 年代起，判頭不但要駕馭好上述日常管理工作，也要面對隨年月而增加的各種規章制度和行政事務，例如政府日益嚴格的施工標準，或推行保障工人安全的措施等。與此同時，香港的建築設計日新月異，單單一個私人屋苑也可以有數十個甚至數百個單位款式，扎鐵圖則因而變得複雜。由於行規往往容許建築商在合約訂明擁有修改圖則的權力，判頭不但要耗費心力與則樓交涉，也要確保前線「拆則」師傅和工人清楚理解新圖則，同時無可避免要負擔增聘工人、重新「開料」等額外成本，有時候甚至要私下墊支，才能避免工程延誤或生意虧本。[36]

　　然而，做生意始終是有得有失，判頭有

29　口述歷史訪問，李錦輝先生。

30　口述歷史訪問，陳落齊先生、曾燈發先生、陶永賢先生。

31　口述歷史訪問，李惠達先生、蕭樹棠先生。

32　口述歷史訪問，梁余佳先生。

33　口述歷史訪問，李惠達先生、蕭樹棠先生。

34　口述歷史訪問，陳落齊先生、梁余佳先生、陶永賢先生。

35　口述歷史訪問，莫想深先生。

36　口述歷史訪問，陳落齊先生。

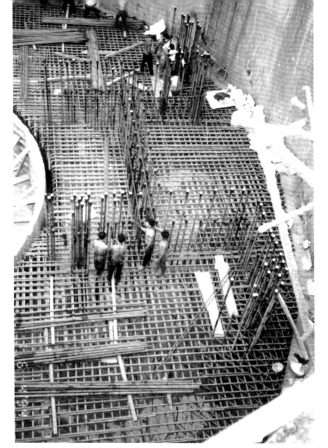

計算成本、安排工人施工、監察工作水準等都是扎鐵分判商的主要工作，當中講求的不單只是扎鐵的技術，還包括了營運管理的經驗與智慧。（香港建築扎鐵商會提供）

時候也不能計較太多，說到底就是要用心用力做好每項工程，對自己和工人有所交待。適逢1970年代以後香港經濟起飛，建造業蓬勃發展，大部分選擇自立門戶的判頭都能夠帶領一眾兄弟兵「打天下」，確立自己的事業。少數經營出色的判頭更成功建立有制度、有架構、有規模的大公司，一手包攬招聘、培訓及行政工作，專門接洽政府、大地產商等「大戶」的扎鐵工程。[37]

工地安全水平日漸提高

建造業日常工作離不開高體力勞動的粗重工夫，他們往往面對各種危險。1990年代以前，建造業工人多忙於工作賺錢，港府提供

泥地鋪上木板便施工，工人路過時若不小心，就會踩中鐵枝雜物或被絆倒。[38]

　　1970年代中期開始，扎鐵業逐漸引入各種機械協助施工，很大程度避免了早年人手因「開料」、搬鐵而受傷的情況。但當時的屈鐵機、屈洛機不是全自動操作，也欠缺保護裝置，當機器失靈，鋼筋會將工人撞倒，或是工人一時大意，將手部放在鋼筋受力處或機械操作位置而夾傷手部。[39]另外使用吊桿、天秤時，工人可能會被移動中的鐵枝撞傷。如果鐵料未綁妥便交付吊運，更可能造成高空墜物的危險情況。[40]

的職業安全指引也較少，工人安全意識較低，容易發生意外。一般來說，當時扎鐵工人容易在搬運鐵枝、剪鐵或「棟柱頭」時拉傷腰部或背部；綁扎樓面時，鋼筋可能反彈而割傷手腳；由於長時間在戶外工作，炎夏往往容易曬傷、被鋼筋燙傷甚至中暑。另外，早年工地一般欠缺妥善管理，沒有圍板圍封，物料存放雜亂無章，工人往往在工地後巷隨便找地方用作開料場或廢料場，綁扎「花籃」時也只是在鬆軟的

37　口述歷史訪問，蕭樹棠先生、曾燈發先生。

38　口述歷史訪問，梁余佳先生、蕭樹棠先生。

39　口述歷史訪問，陳仲齊先生、梁余佳先生。

40　口述歷史訪問，梁余佳先生。

雖然港府在 1970 年代立法規定，總承建商有責任向工人提供眼罩、安全帽，[41] 但工人往往貪圖方便或認為其妨礙工作，大多摒棄使用，而安全鞋等一類自費裝備，也因售價高昂而無法負擔。不少不諳地盤環境的散工未受訓練便加入地盤工作，再加上地盤工程愈見複雜、工地不時趕工等種種因素，使建造業成為香港最危險的行業，而持續處於差劣水平的安全紀錄從部分統計數字可見一斑。

據勞工處的統計，建造業工人於 1970 至 1980 年代最常遇上的傷亡意外離不開踩踏、被高空墜物砸傷、使用機器或搬運時遇上事故等，加上當時不少工人遇上輕傷時只作簡單消毒包紮或休息幾天就繼續工作，實際的意外數字比統計數字為多。[42] 1977 年至 1980 年間，建造業有接近二百五十名工友不幸殉職，行內幾乎每四日就有一宗致命意外。[43] 1983 年，建造業只是僱用了全港近一成的勞動人口，但年內共發生 17,530 宗意外，佔全港工業意外總數四成；死亡人數則為六十三人，佔全港工業因工死亡人數近七成。[44]

到 1980 年代中期，港府與建造業界均意識到依靠立法與勸喻主導的方式，無助長遠改善工地環境及保障工人安全。面對建造業技術日新月異、入行工人與日俱增所帶來的挑戰，施行多管齊下的方針勢在必行，一方面訂明承建商在保障工人安全方面的法律責任，另一方面致力以教育培養工人的安全意識。[45]

在培訓和教育方面，建造業訓練局自 1976 年成立以來，規定所有學員在學期間必須接受基本的安全訓練，學習安全的施工方法。[46] 1988 年，職業安全健康局成立，主力向建造業等高危行業的從業員推廣安全知識。1996 年，勞工處更推出「平安咭」課程，為工人提供基本的安全訓練課程，並自 2001 年 5 月起強制所有受僱於建造業的人士，不論工種、經驗，都必須在完成課程並通過測試後，方能進入工地範圍，否則即屬違法。[47]

在地盤管理方面，港府多次修訂《工廠及工業經營條例》，包括提高罰則、操作起重機工人須考取牌照及禁止聘用童工等。自 1986 年起，立法規定總承建商須要在超過一百人的工地聘請安全主任；僱用二十至九十九人的工地則聘請督導員，監察工地日常運作。[48]

在工程投標制度上，政府與大發展商於 1990 年代開始帶頭改革，提高政府工程的招標門檻，例如以房屋署為首的政府部門，在審核標書時會考慮投標者的安全績效以及是否通過 ISO9000 管理制度認證。[49] 到了訂立標書時，當局在各項工程合約加入安全條款，要求承建商必須制定和執行安全計劃，並為工人提供基本安全培訓和裝備。當地盤發生意外，承建商須要接受聆訊、調查事件成因與責任誰屬，並建議一系列措施，防止同類事件再次發生。如果有工人因故身亡，承建商更會被罰停牌。[50]

經過近二十載的努力，香港建造業的千人意外率已從 1980 年代中後期平均約 360 的高峰下降至 1996 年約 220 左右，呈現改善趨勢。[51] 環顧香港工地，儘管工人依舊面對艱辛的工作環境，但安全帽、安全鞋等裝備已經成為開工必備的用品，而且還有帽帶、耳罩、面盾等五花八門的安全配件作支援，為工人提供更全面的安全保障之餘，也大大減低遭遇嚴重意外的機會。與此同時，港府致力完善工地安全管理制度，鼓勵私人發展商跟隨，又積極籌備相關的立法工作，不但改善了社會大眾對建造業的觀感，也為日後建造業安全狀況的大幅改善創造了良好條件。

41　〈建築地盤規例今起開始實施〉，《華僑日報》，1974年 5 月 1 日；"Stringent safety laws in force," *South China Morning Post*, 1974-05-01.

42　《築景思城：香港建造業發展史，1840-2010》，頁 248。

43　"Sites death toll rises," *South China Morning Post*, 1980-01-20.

44　"New building site safety regulations proposed," *South China Morning Post*, 1984-04-09.

45　職業安全健康局：《綠十字》，第三卷，第三期，1993年 5 月，頁 16-17；《安健同心：職安局 25 年走過的路》，香港：職業安全健康局，2013 年，頁 47-48。

46　建造業訓練局：《建造業訓練局一九八二年度年報》，香港：建造業訓練局，1982 年，頁 2。

47　建造業訓練局：《建造業訓練局一九九六年度年報》，香港：建造業訓練局，1996 年，頁 4；職業安全健康局：〈職安培訓與時並進〉，《綠十字》，第二十五卷，第六期，2015 年 11-12 月，頁 3。

48　口述歷史訪問，陳志文先生；〈《工廠及工業經營條例》五十年回顧〉，《綠十字》，第十五卷，第四期，2005 年 7月 -8 月。

49　職業安全健康局：《綠十字》，第一卷，第五期，1991 年 9 月，頁 18-19；第五卷，第二期，1995 年 3 月，頁 22-24。

50　口述歷史訪問，陳永桐先生、謝禮良先生。

51　職業安全健康局：「表 1：建造業工業意外數字（1986-2014）」，〈建造業新入職員工職安健〉，《綠十字》，第二十六卷，第一期，2016 年 1-2 月，頁 3。

昔日工人的安全意識較弱，有部分在施工期間沒有配備合適的安全裝備。（香港建築扎鐵商會提供）

在政府規管下，工人漸漸懂得保護自己，現時安全帽是施工期間的必需裝備。（香港建築扎鐵商會提供）

在工作台上進行高空工作，於 1990 年代在業界內日漸普及。（香港建築扎鐵商會提供）

工人培訓制度的建立

踏入 1970 年代，建造業蓬勃發展，公共房屋計劃、新市鎮開發以及興建地下鐵路等大型公共建設工程開展得如火如荼，需要大量的勞動力支持。然而，傳統的學師制無法在短時間內以統一標準培訓大批半熟練工人，而業界聘請大量短期散工亦只是治標不治本，無法持續提供一批具有相當技術水平的工人支持行業發展，因此業界與港府着手建立一套系統的工人培訓制度，長遠解決熟練工人供應不足的問題。

1975 年 9 月，臨時建造業訓練局按照《工業訓練（建造業）條例》成立，以公營機構的方式運作，提供各類訓練課程。建訓局成立後，主力開辦泥水、木工等八個主要建築範疇的一年制基本工藝課程，以及一年制技術員訓練課程，分別以中三及中五畢業生為主要對象，旨在為年輕人提供更多的就業途徑。[52]

自 1978 年起，建訓局開始針對其他前線技工工種，開辦為期三到六個月的短期培訓課程。以鋼筋屈紮短期課程為例，學員平日在學院學習扎鐵工藝，偶爾會到工地參觀和實習。

由於當年建造業尚未有今天的考牌和註冊制度，大部分扎鐵工友仍然是通過親友直接介紹

建造業訓練局鋼筋屈紮科短期課程統計數字一覽
（1978 － 1998 年）

學年	結業人數
1978 / 1979	19
1979 / 1980	14
1980 / 1981	20
1981 / 1982	39
1982 / 1983	51
1983 / 1984	44
1984 / 1985	40
1985 / 1986	29
1986 / 1987	35
1987 / 1988	47
1988 / 1989	19
1989 / 1990	20
1990 / 1991	30
1991 / 1992	40
1992 / 1993	16
1993 / 1994	7
1994 / 1995	22
1995 / 1996	30
1996 / 1997	56
1997 / 1998	203

資料來源：建造業訓練局年報，1979-1998 年。

52　建造業訓練局：《建造業訓練局一九八八年度年報》，香港：建造業訓練局，1988 年，頁 14。

入行，到了地盤才跟師傅學師，因此在 1980 到 1990 年代，平均每學年只有二十到六十名扎鐵工人結業，並非新入行扎鐵工人的主要來源。[53]

1995 年，建訓局將 1990 年開展的建造業工藝測試範圍擴展至鋼筋屈扎工在內的十五個技工工種。工藝測試的設立，不但可以令扎鐵工友通過客觀評核確認技術水平，也可以提升自身的專業形象，並配合房屋署等政府部門工程規定的新要求，即轄下工程必須有一定百分比的技工擁有認可資格以提高就業率。然而，扎鐵工人入行前修讀訓練課程及投考工藝測試的重要性，到回歸以後才有顯著提高。[54]

建造業訓練局鋼筋屈紮工工藝測試統計數字一覽 （1995-2007 年）

年份	扎鐵業人數 *	通過大工測試人數	通過中工測試人數	行內累積合格人數（大工＋中工）	持資歷人士佔行內人數累積百分率
1995	未有統計	尚未開辦	尚未開辦	未有統計	未有統計
1996	未有統計	18	尚未開辦	未有統計	未有統計
1997	未有統計	207	尚未開辦	未有統計	未有統計
1998	未有統計	371	251	未有統計	未有統計
1999	3,930	422	306	1,018+517	26+14=40%
2000	3,930	393	241	1,411+798	36+20=56%
2001	4,892	196	255	1,607+1,053	33+22=55%
2002	4,892	249	218	1,856+1,271	38+26=64%
2003	3,806	257	194	2,113+1,465	56+38=94%
2004	3,806	175	183	2,288+1,648	60+43=103%
2005	2,389	123	66	2,411+1,714	101+72=173%
2006	2,389	146	38	2,557+1,752	107+73=180%
2007	2,389	77	31	2,634+1,783	110+75=185%

＊建造業訓練局估計數字，每兩到三年更新一次

資料來源：建造業訓練局年報，1995-2007 年。

1979 年，建造業訓練局鋼筋屈紮科學員接受混凝土地基鋼筋放置訓練。（建造業議會提供）

1982 年，學員學習使用屈鐵機。（建造業議會提供）

1981 年，女技術學徒體驗鋼筋屈扎工作。（建造業議會提供）

53　建造業訓練局：《建造業訓練局年度年報》，香港：建造業訓練局，1978-1998 年。

54　建造業訓練局：《建造業訓練局一九九五年度年報》，香港：建造業訓練局，1995 年，頁 19。

1983年，學員練習使用鈎仔扎鐵。（建造業議會提供）

1984年，學員合力完成柱鋼筋扎作訓練。
（建造業議會提供）

1985年，學員留心聆聽導師現場講解的扎鐵技巧。（建造業議會提供）

引進新技術

踏入 1970 年代，一些本地大型建築商開始引入剪鐵機、屈鐵機、屈洛機，協助工人「開料」，令早年「打大槌」、「摩捃」屈鐵的景象成為歷史。這些機器一般為香港生產的「土炮」機械，亦有部分從外國引進，同樣操作簡單，使用時不費力氣。工人使用剪鐵機前，按照圖則量度所需鐵料的尺寸，將鐵料放到工作枱上，接着拉下「斧頭閘」，按一次按鈕，就能夠將鐵枝剪斷。屈鐵機、屈洛機的操作原理相似，猶如司機駕車控制加減速一樣。工人量度鐵料尺寸，接着擬訂所需的形狀，調校機器後踩動腳踏控制鐵枝的前進速度和方向。不少工地開始使用鏟車運送鐵料至施工地點，亦開始增設吊桿、天秤等機械，協助工人將鐵料運送至高處。[55]1990 年代以後，廠商開始研發新技術，讓「開料」機器以電腦化程序自動操作，提升運作效率，並增設保護裝置，減少工人因「開料」而受傷的情況。[56]

1980 至 1990 年代，建造業開始引入預製版模和預製組件，大多應用於設計統一的公共房屋地盤，以進一步提升扎鐵工友乃至整個工地流水作業的效率。預製版模多為鋼製，可重複使用。當工友完成扎鐵工序後，版模隨即可配合建築結構的需要安裝，使工地作業在短時間內移師至澆灌混凝土工序，省卻以人手進行釘板工序的物料和勞工成本。[57]預製組件則多為建築的外牆部分，亦有一部分為樓梯、冷氣機槽等位置，甚至連廚房、洗手間的玻璃、窗框、紙皮石也包括在內。預製組件由工人於工場預先建造，運抵工地後作簡單裝嵌及澆灌混凝土即告完成，既省卻現場施工時間和成本，也減少扎鐵工友在綁扎樓梯、窗台、冷氣機台等用鐵較少、工序繁複的結構部件時所花的心力與時間。另外綁扎樓面樑柱等工序仍然依賴人手作業，並不會對扎鐵工友的生計造成太大影響。[58]

55　口述歷史訪問，蕭樹棠先生。

56　口述歷史訪問，林萬民先生。

57　口述歷史訪問，李錦輝先生；置生出版公司：《香港建設》，第 67 期，1986 年 10 月，頁 52-53。

58　口述歷史訪問，陳仲齊先生、李錦輝先生。

屈鐵機於 1970 年代開始引進香港，至 1990 年代已成為扎鐵工人不可或缺的機械工具。
（香港建築扎鐵商會提供）

第三章　1970至1990年代：扎鐵業走向現代化

香港建築扎鐵商會有限公司成立誌慶　│圖片來源：香港建築扎鐵商會

第四章

香港建築扎鐵商會的

成立與運作

籌備成立扎鐵商會

踏入 1990 年代，建造業受惠於新機場核心計劃而蓬勃發展，建造業工人連年加薪。到了 1997 年，扎鐵工人以蛇頭為代表希望來年可以繼續加薪，起初得到各大建築商及扎鐵商原則上同意。其後蛇頭在談判期間提出的加薪幅度遠超預期，加薪時間更提早至 7 月 1 日回歸當天，打破了當時建造業每年新修訂的工資於 8 月 1 日生效的行規。有見加薪要求一時難以達至共識，扎鐵業內幾家主流分判商於是牽頭召集會議，共商對策。首次會議獲得業界絕大部分分判商支持，連向來絕少參與行業會議的持份者與資歷深厚的老前輩也現身會場。一眾扎鐵商及建造商會經審慎考慮後認為，工人的要求會立即使經營成本增加一成多，一時難以負擔。經過一番談判，勞資雙方最終同意工人日薪由 1,050 元增加至 1,200 元。[1] 工資談判取得成果後，扎鐵業界幾位先進意識到當時業內從未建立統一的薪金調整機制，因而引發是次勞資糾紛。工人每爭取加薪，往往需要工會與相屬判頭（扎鐵商）商討，但每個判頭應允的薪金加幅不一，容易造成混亂。有鑑於此，業界幾位先進決定成立扎鐵商會，希望能夠團結業界，建立一個供勞資雙方每年協商工資調整安排的平台。[2] 經過幾個月的努力，籌委會於第二次會議一致通過推選蕭樹強先生擔任籌委會主任；唐浩洲先生、莫想深先生、陳權先生擔任籌委會副主任；陳嘉先生、曾燈發先生、蕭樹棠先生、李惠達先生及盧登先生等擔任籌委會成員。

有關商會的命名，會內一些老行尊認為扎鐵業屬於三行，乃傳統行業，因此務必從長計議，慎重其事。籌委會內部提出的建議包括「建築紮鐵商會」、「鋼筋結構營造商會」及「鋼筋營造商會」等，最終籌委會經過多番討論後認為「建築紮鐵商會」較為理想。商會的簡稱「香港建築紮鐵商會」與公司註冊全名「香港建築紮鐵商會有限公司」的筆畫經計算

後，兩者皆有吉祥意義。有委員認為「紮」字下方的「糸」代表絲線和線條的捆紮，「扎」字則象徵工人手揸鈎仔鈎鐵，較為傳神。籌委會因此最終以「香港建築扎鐵商會有限公司」作為正式註冊名稱。

商會由籌備至正式成立，前後共花近一年時間，期間討論事項繁多而深入。幸好扎鐵分判商都能夠放下成見，共同為行業謀求最大的利益，最終決定以非牟利機構為運作方針。商會的理事出心出力，繳交的會費均為捐獻，並不會從商會收取任何形式的利益或回饋。這種運作模式為商會奠下重要的根基，主導了商會日後的發展方向。[3]

1998 年 5 月 8 日，商會按香港法例第 32 章《公司條例》以有限公司形式成立，主要宗旨包括：

1. 促進扎鐵承判商之間的溝通及合作，鼓勵扎鐵承判商加入成為本會會員。

2. 加強扎鐵承判商、發判建築商及扎鐵職工會之間的溝通及了解，改善合作關係。

3. 討論及研究各項有關扎鐵行業的問題。

4. 爭取扎鐵承判商應有的權益。

5. 改善扎鐵行業的商業環境。

6. 向政府部門或其他機構反映會員意見。

7. 協助會員解決有關勞工、保險及法律等問題。

香港建築扎鐵商會有限公司
會長團、會董籌集會務經費收入明細表

屆數	金額（元）
第一屆	140,000
第二屆	550,000
第三屆	553,000
第五屆	187,400
第六屆	362,800
第七屆	900,000
第八屆	750,000
撰寫扎鐵歷程專書	370,000

1　口述歷史訪問，陳落齊先生、曾燈發先生、蕭樹棠先生、李惠達先生。

2　口述歷史訪問，盧登先生、蕭樹棠先生、李惠達先生。

3　口述歷史訪問，李惠達先生、陳落齊先生。

8. 鼓勵以仲裁或其他解決糾紛的方式和解，以當時認為適當的條件和情況充當或提名仲裁人和公証人，但不包括勞資糾紛和仲裁。

9. 為會員及其他有關人士提供聯誼康樂及教育活動。

按照組織章程所列，商會創會之際共有十九家扎鐵商具有會員身份。若後來其他行家申請入會，除了須要得到其中一名現任會員和議外，申請者必須具有在香港直接承判扎鐵工程業務三年或以上經驗，而且合計承接的工程地盤不少於六個，其申請方獲接納。

商會成立的目標在於團結行業、鼓勵會員共同行事並扶掖後進參與會務，因此早在籌備成立之際已確立議事文化，鼓勵會員不分資歷坦誠溝通。籌委會特別聲明，會員若有意見、建議甚至批評，必須先以書面方式遞交商會，然後擇日召開特別會議商討。商會反對三五成群小圈子議事，強調透過討論消除個人成見及化解一切爭論。商會全人認為好事多磨，但只要上下齊心，最終還是可以達成讓人滿意的方案。

商會以會員大會為最高權力機構，每年舉行一次週年大會以審議帳目、資產報表、選舉董事等；並就會員提出的事項作投票表決。日常運作方面，商會以董事會作領導，下設總務部、行政部、秘書財務部三個小組，作為商會運作的核心架構，三者互相協調配合。一般而言，商會對內主要負責團結扎鐵商，就行內工人及判頭薪金福利相關事宜達成內部共識，包括每年薪酬調整度、交通津貼、工時等，然後再與扎鐵工會協商。另外，商會也會監察會員的操守，商討如何處理會員在勞資及商業上的糾紛及法律爭議。商會甚至會聯絡材料供應商，協助會員採購物料。對外而言，商會須要與建造商會、扎鐵工會、蛇頭、勞工處、建造業訓練局保持聯繫，就行業各方面發展交換意見。

1998 年 6 月 17 日，扎鐵商會位於灣仔的會址入伙，商會上下聚首一堂，見證歷史一刻。商會有幸邀請時任建造業訓練局主席陳家駒測量師以及時任香港建造商會會長謝禮良工程師出任名譽會長，並擔任會址揭幕儀式的主禮嘉賓。兩人在創會會長及創會副會長的陪同下，先後向會址供奉的關公像上香。經由香港

佛教社團開光的關公像面向會議桌，保祐會務順利開展。主禮嘉賓完成上香儀式後，商會董事局核心成員連同榮譽顧問為創會基石揭布並揭開招牌紅紙，開幕典禮隨即完成。商會以

自置物業作為會址，省卻了日後因會址可能引起的行政及財政煩惱，同時亦能發揮商會最大的效能，反映出創會初期各個成員對商會未來發展的遠見及期望。

扎鐵商會成立典禮，為紀念碑揭幕。（香港建築扎鐵商會提供）

扎鐵商會成立典禮（香港建築扎鐵商會提供）

扎鐵商會成立典禮：切燒豬（香港建築扎鐵商會提供）

商會歷任會長團

　　扎鐵商會的會長團以會董推選產生，首屆以四年為期，第二至五屆則以兩年為期，自第六屆開始又改為四年一任。因此，商會由1998年創會至2018年的二十年間，共產生了七屆會長團。第八屆會長團亦於2018年7月順利產生。

■ **首屆會長團**
（1998 年 7 月 2 日至 2002 年 7 月 1 日）

會長兼主席：蕭樹強先生

第一副會長：唐浩洲先生

第二副會長：莫想深先生

第三副會長：陳權先生

副會長兼秘書：余偉明先生

副會長：梁志光先生

副會長：蕭景南先生

副會長：曾燈發先生

副會長：唐仕鵬先生

■ **第二屆會長團**
（2002 年 7 月 2 日至 2004 年 7 月 1 日）

會長兼主席：蕭樹強先生

第一副會長：曾燈發先生

第二副會長兼秘書長：余偉明先生

第三副會長：蕭景南先生

副會長：陳惠珍女士

副會長：梁志光先生

副會長：葉何欽先生

副會長：黃少明先生

副會長：陳仲齊先生

副會長：蕭樹棠先生

副會長：李惠達先生

副會長：陳紹林先生

香港建築扎鐵商會週年聯誼會及會員大會（香港建築扎鐵商會提供）

香港建築扎鐵商會二〇〇四年度週年聯歡及第三屆慶典典禮（香港建築扎鐵商會提供）

■ 第三屆會長團

(2004 年 7 月 2 日至 2006 年 7 月 1 日)

會長兼主席：曾燈發先生

第一副會長：黃少明先生

第二副會長兼秘書長：余偉明先生

第三副會長：蕭景南先生

副會長：李惠達先生

副會長：陳落齊先生

副會長：盧登先生

副會長：陳紹林先生

副會長：韓成斌先生

■ 第四屆會長團

(2006 年 7 月 2 日至 2008 年 7 月 1 日)

會長兼主席：曾燈發先生

第一副會長兼秘書長：余偉明先生

第二副會長：蕭景南先生

第三副會長：黃少明先生

副會長：李惠達先生

副會長：盧登先生

副會長：唐仕鵬先生

副會長：陳落齊先生

副會長：韓成斌先生

■ 第五屆會長團

(2008 年 7 月 2 日至 2010 年 7 月 1 日)

會長兼主席：莫想深先生

第一副會長：蕭景南先生

第二副會長兼司庫：黃少明先生

第三副會長：韓成斌先生

副會長兼秘書長：陳落齊先生

副會長：盧登先生

副會長：唐仕鵬先生

副會長：李惠達先生

副會長：余偉明先生

香港建築扎鐵商會二〇〇六年度週年聯歡及第四屆慶典典禮（香港建築扎鐵商會提供）

香港建築扎鐵商會二〇〇八年度週年聯歡及第五屆慶典典禮（香港建築扎鐵商會提供）

■ **第六屆會長團**
(2010 年 7 月 2 日至 2014 年 7 月 1 日)

會長兼主席：莫想深先生

第一副會長：蕭景南先生

第二副會長：黃少明先生

第三副會長：余偉明先生

副會長：蕭樹棠先生

副會長：盧登先生

副會長：梁余佳先生

副會長：陶永賢先生

秘書長：陳落齊先生

■ **第七屆會長團**
(2014 年 7 月 2 日至 2018 年 7 月 1 日)

會長兼主席：陳落齊先生

第一副會長兼秘書長：黃少明先生

第二副會長：唐仕鵬先生

第三副會長：蕭樹棠先生

副會長兼司庫：盧登先生

副會長：李錦輝先生

副會長：陶永賢先生

副會長：梁余佳先生

副會長：張春華先生

副會長：林萬民先生

■ **第八屆會長團**
(2018 年 7 月 2 日至 2022 年 7 月 1 日)

會長兼主席：陳落齊先生

第一副會長兼秘書長：黃少明先生

副會長：盧登先生

副會長兼司庫：李錦輝先生

副會長：梁余佳先生

副會長：林萬民先生

副會長：彭如濃先生

副會長：陶永賢先生

香港建築扎鐵商會二〇一〇年度週年聯歡及第六屆慶典典禮（香港建築扎鐵商會提供）

香港建築扎鐵商會第七屆換屆就職典禮聯歡晚宴（香港建築扎鐵商會提供）

商會成立初期發展

協商行業工人薪酬福利

商會成立的首要目的是促進勞資雙方協商工資調整安排，因此會方早在籌備階段就不時邀請建造業總工會及扎鐵業職工會舉行三方座談會；在商會的悉心安排下，會上各方坦誠交換意見，猶如三五知己閒話家常。座談會每隔數月接續召開，希望於每年8月1日實施薪金調整安排前達成具有共識的方案。自從商會成立之後，此等協商工資的安排每年舉行，這種做法在建造業內除了喉管工會外絕無僅有。商會的這種做法，為其他建造業工種每年調整薪津幅度提供了參考指標。

按照行業慣例，如果勞資雙方達成共識，可就商討結果聯合發出通告，告知會員來年工人的薪金福利安排。若扎鐵職工會與商會未能就來年的薪酬福利達成共識，雙方則可各自表述，向所屬會員發出通告，列明希望獲取或給予的工資福利條件，供會員參考。至於實際工資津貼，則須透過工人與扎鐵商以通告內容為基礎作友好協商而定。一般而言，通告上的內容包括：

1. 每天工時（包括日間及夜班）；
2. 訂明長散工、學徒薪金須與僱主友好協商，並且不獲交通津貼；
3. 散工的每日工資，以及因暴風雨或其他任何原因導致當日未能工作的車資補償金額；
4. 蛇頭就介紹每名散工到地盤工作所獲得的介紹費；
5. 散工的安全裝備，由僱主負責提供。

促進人才培訓

除了與工會協商工人的薪金福利，商會亦代表業界與建造業訓練局合作，協助檢討課程安排，以配合行業的人力需求。前線工人培訓方面，商會按建造業訓練局邀請加入鋼筋屈紮班課程委員會，完善課程內容，使學員不但

2000 年商會與工會首輪會議情況（香港建築扎鐵商會提供）

掌握基本扎鐵技巧、建立職業安全意識，也學習圖紙閱讀技巧以及建築理論等方面的基本知識，以適應行業的最新發展。[4] 學員畢業後，一般都可以按照建造業訓練局推行的「僱主資助計劃」，即以月薪按日計形式加入商會會員的公司工作，建立比傳統散工制較為穩定的生計。[5] 商會為扎鐵學徒一律提供半年制合約，並與勞工處一同審視合約條款，確保符合法例要求，保障勞資雙方利益。

除了提供常規課程，商會在成立初期亦曾與建造業訓練局合辦特約課程，為業內的管理階層提供進修機會。至於管工人員培訓方面，建造業訓練局先後於 1998 / 1999 及 1999 / 2000 學年開辦「扎鐵專業管理職級課程」，讓參加者對人手管理、扎鐵技術、圖則閱讀、物料驗收等方面有更深入的認識。對於有意學習「拆則」的工人，商會則安排會員挑選工人參加「鋼筋配筋表（屈鐵表）編制班」，課程自 1999 / 2000 學年起先後舉辦三屆，接近二百名工人得到提升技能的機會。[6]

在資歷認證方面，商會為配合建造業訓練局，於 1998 年初推出中級工藝測試（俗稱

的「中工牌」），積極鼓勵工人早日報考。中工牌考試有別於回歸前實行的工藝測試（俗稱「大工牌」），大工牌測試以熟練工人為對象，中工牌測試則以半熟練工人為服務對象，旨在認證報考者的技術水平，以提高其就業機會。以扎鐵為例，中工牌測試為時三小時，以實務試輔以少部分筆試，旨在考核工人在扎鐵技術及工作安全方面的知識。測試期間，工人須在指定位置按圖完成間牆、柱、樓面鋼筋的結構，並使用正確姿勢提舉 Y32 鋼筋至特定位置。通過測試者可獲頒發證書及資歷證件。[7]

建造業訓練局扎鐵特約課程畢業人數一覽

1998/1999 學年	扎鐵專業管理職級訓練	32 人
1999/2000 學年	扎鐵專業管理職級課程	26 人
	技術提升：鋼筋配筋表（屈鐵表）編制班夜間課程	35 人
2000/2001 學年	技術提升：鋼筋配筋表（屈鐵表）編制班夜間課程	96 人
2001/2002 學年	技術提升：鋼筋配筋表（屈鐵表）編制班夜間課程	96 人

資料來源：建造業訓練局年報，1998-2002 年。

1999 年扎鐵業職級管理課程上課情況
（香港建築扎鐵商會提供）

1999 年拆則班上課情況
（香港建築扎鐵商會提供）

1998 年香港建築扎鐵商會畢業典禮
（香港建築扎鐵商會提供）

1999 年香港建築扎鐵商會拆則班畢業典禮
（香港建築扎鐵商會提供）

4　口述歷史訪問，陳落齊先生。

5　香港特區政府：〈新聞公報 立法會：「建造業長工制」議案〉，2000 年 2 月 24 日，http://www.info.gov.hk/gia/general/200002/24/0224092.htm

6　建造業訓練局：《建造業訓練局年報》，香港：建造業訓練局，1998-2001 年。

7　建造業訓練局：《建造業中級工藝測試》，香港：建造業訓練局，1999 年。

建造業訓練局課程上課情況（香港建築扎鐵商會提供）

建造業訓練局九八／九九年度結業典禮
（香港建築扎鐵商會提供）

推廣職安健文化

扎鐵是建造業的主要工種，商會一直不遺餘力推廣職業安全。商會除了派代表加入職業安全健康局建造業安全及健康委員會，與業界各個持份者合作推廣職安健文化外，亦贊助職安局出版《扎鐵工序安全須知》，以圖文並茂的方式向前線工人介紹日常工作中可能遇上的危險以及確保工作安全的有關措施。[8] 商會亦因應法理要求，安排會員聘請的工人修讀「平安咭」（俗稱「綠咭」）課程，同時也安排工人報讀建造業訓練局為扎鐵等指定工種專門設計的「超級平安咭」（俗稱「銀咭」）課程。在地盤日常運作上，商會會員不時與總承建商、工會代表及蛇頭代表開會，並跟隨總建築商的要求，實行各式各樣的職安健措施，確保工人的工作環境符合安全要求。

1999 年，《工廠及工業經營（安全管理）條例》生效，條例規定總承建商必須在建築工地建立一套完善的安全管理制度，涵蓋安全政策、安全架構、安全訓練、內部守則、安全巡視、風險評估、安全推廣等十四個元素。這套安全制度的日常運作由安全主任或者安全督導員監督，並且每隔半年由註冊安全主任稽核一次，以確保工地運作符合法例要求。同時，工人須要先後修畢勞工處規定的平安咭課程以及地盤安全主任開辦的安全訓練課程，方可在地盤工作。[9] 2003 年，香港政府實施《2003 年建築地盤（安全）（修訂）規例》，列明除總承建商外，地盤內各個分判商也要負上法律責任，以盡力確保工人在安全的環境下工作。[10] 除了一些硬性法律規定，扎鐵商會也積極響應職安局的呼籲，協助總承建商在工地推廣來自日本的嶄新職安健概念，當中最重要者首推「5S」工作場所整理準則。「5S」分別是指「整理」、「存放」、「清潔」、「標準」以及「修養」，具體而言就是強調勞資雙方須要同心協力，有條理地存放工地內各種物件，保持工地環境整潔，以減少工人受傷的機會，並提升工作效率。[11] 自 2000 年起，在工務局及行內大型承建商的推廣下，工人每天上班前須要做「十式伸展」熱身，避免工作時受傷，並增進工人的團隊精神。[12] 在建造業同仁的共同努力下，行內意外事故發生率自回歸後節節下降，從 1998 年高峰每年近 20,000 宗意外（千

人意外率為 247.9），大幅下降至 2003 年的少
於 5,000 宗意外（千人意外率為 68.1），表現
令人鼓舞。[13]

8　職業安全健康局：《扎鐵工序安全須知》，香港：
職業安全健康局，1999 年。

9　口述歷史訪問，陳志文先生；職業安全健康局：《安
健同心：職安局 25 年走過的路》，香港：職業安全健
康局，2013 年，頁 68-69。

10　職業安全健康局：〈建築地盤（安全）修訂條例〉，
《綠十字》，2004 年 3-4 月，第十四卷，第二期。

11　《安健同心：職安局 25 年走過的路》，頁 68-69。

12　口述歷史訪問，陳志文先生。

13　職業安全健康局：〈建造業新入職員工職安健〉，
《綠十字》，2016 年 1-2 月，第 26 卷，第 1 期。

千禧年以後的發展

香港回歸後受到亞洲金融風暴衝擊，建造業亦不能倖免，全港建造工程總值由 1997 年高峰期逾 1,300 億元連年下降。[14] 面對建造業逐步萎縮，商會盡力維持營商環境及保障工人生計，例如在強積金管理局協助下推行建造業行業計劃，讓一般以散工形式受聘的工人也可享受這項惠及全港「打工仔」的退休保障。2002 年，扎鐵商會聯同泥水、雲石、搭棚三個工種的同行組成建造業分包商聯會，其後有十四個建築行業相繼加入。這股建造業的團結力量，不單向政府反映業界意見，並接受建造業檢討委員會以及建造業訓練局的建議，致力提升分判商的專業形象。2003 年「沙士」疫症肆虐香港，使正在走下坡的建造業跌至谷底；2004 年全港建造工程總值僅 900 多億

元。[15] 「沙士」過後，香港得到中央政府的支持，在《內地與香港關於建立更緊密經貿關係的安排》及內地居民「自由行」計劃帶動下經濟逐漸復甦，但建造業遲遲未有起色，一直面對工程數目少、待業人數多的苦況。儘管扎鐵工人日薪自 1997 年起一直「凍結」於 1,200 元，但實際上工人所得往往只有 600 元左右。面對艱難的經營環境，不少行家為了養活自己和工人，選擇以微薄的利潤承包工程，甚至不惜做虧本生意；亦有一部分行家選擇到大興土木的澳門承辦賭場和渡假村的扎鐵工程，甚至遠走中東阿聯酋阿布扎比承包當地的政府工程。[16]

恭迎爐公先師尉遲恭像

2007 年，扎鐵商會秉承尊師重道的傳統觀念，專程派人從台灣台中東勢縣巧聖仙師祖廟恭迎有二百三十多年歷史的爐公先師尉遲恭尊像回港，供奉於商會寫字樓。尉遲恭（585-658）即廣為人知的唐初名臣尉遲敬德，相傳揚名立萬前曾任鐵匠，故被後世鐵匠尊為先師。同年 5 月，商會首度舉辦紀念扎鐵行業

爐公先師尉遲恭寶誕，與業界友好歡聚一堂。自此扎鐵行業爐公先師寶誕成為商會每年舉辦的盛事。

（左）（上）2006 年台灣台中東勢縣巧聖仙師祖廟（香港建築扎鐵商會提供）

14　政府統計處：《香港統計年刊（1998 年版）》，香港：政府統計處，1998 年，頁 ix。

15　政府統計處：《香港統計年刊（2005 年版）》，香港：政府統計處，2005 年，頁 xii。

16　口述歷史訪問，林萬民先生、梁余佳先生。

尉遲恭先師造像（香港建築扎鐵商會提供）

爐公先師尉遲恭寶誕上香（香港建築扎鐵商會提供）

2007年香港建築扎鐵商會爐公先師尉遲恭寶誕慶典晚宴
（香港建築扎鐵商會提供）

2013 年香港建築扎鐵商會爐公先師尉遲恭寶誕慶典晚宴
（香港建築扎鐵商會提供）

2017 年香港建築扎鐵商會爐公先師尉遲恭寶誕慶典晚宴
（香港建築扎鐵商會提供）

應對扎鐵工潮

踏入 2007 年夏季，商會與工會再次就每年一度的薪酬調整事項作出討論。扎鐵職工會於 7 月底提出要求將實質日薪由 800 元增至 950 元，並將每日工時縮減至八小時，8 月 1 日生效。商會雖然同意加薪，也理解工人對生計方面的擔憂，但考慮到工人提出的方案加薪幅度達 26%，脫離普遍香港僱員平均加薪幅度，而且貿然削減工時，會嚴重影響地盤運作，因此在 8 月 5 日發出聲明，表示只能提供散工加薪至 850 元、長散工加薪 5% 到 7%，調整後薪金於 11 月 1 日生效，結果談判破裂，工人於 8 月 9 日宣佈開始罷工。

商會在工人罷工期間多次召開會議，本着實事求是的態度，放下個人利益與成見，與職工會友好協商。到了 8 月中，商會作出讓步，認為年內可以先加薪至 850 元，並因應 6 至 9 月工人須在炎熱天氣下工作而增設小休十五分鐘的安排；並於翌年 8 月 1 日加薪至 950 元，分階段滿足工人訴求。宏觀而言，自回歸以來，扎鐵工程單價已由高峰期每噸 1,700 元下降至 700 元，工人薪金則由 1,200 元減至 800 元，減幅已經相當溫和。另外，扎鐵商往往要早在投標工程前三到六個月預算成本，如果商會立刻答應工人的加薪要求，扎鐵商根本無法承受，隨時面臨倒閉危機，甚至有可能令本來要求加薪的工人變成追討欠薪。然而，職工會仍然堅持最初方案，雙方只能根據行業慣例，各自發出通告，再由僱傭雙方友好協商實際工資。到了 9 月中，經過建造商會及勞工處介入磋商，最終商會與職工會於 9 月 12 日在勞工處召開的調解會議上達成共識，同意年內加薪至 860 元，每工八小時，並於翌年 3 月商討來年增薪至 950 元的具體安排，歷時三十六天的工潮終於宣告結束。

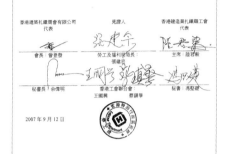

政府總部
勞工及福利局局長
香港下亞厘畢道
中區政府合署

SECRETARY FOR
LABOUR AND WELFARE
GOVERNMENT SECRETARIAT
Lower Albert Road
Hong Kong

本局檔號 Our Ref.:
來函檔號 Your Ref.:

新界荃灣
楊屋角南街 83-93 號
榮興工業大廈 19 樓 16 室
香港建築扎鐵商會有限公司

各位會員：

　　持續多時的扎鐵工潮最終得以圓滿解決，實有賴各方的付出和合作。在整個協商過程中，貴會會員積極參與，表現出對勞方的體諒。本著互諒互讓的精神，最終與工會及工人達成共識，實在值得讚揚。

　　我期盼貴會與勞方日後能繼續保持緊密溝通，通過協商，同心協力為工人，為業界，為社會作出更大的貢獻。

勞工及福利局局長張建宗

二零零七年九月二十一日

香港建築扎鐵商會有限公司及香港建造業扎鐵職工會經協討後達成以下協議：

1. 自 2007 年 9 月 13 日起，日薪扎鐵散工薪金調整至每日 860 元。
2. 日薪扎鐵散工每天工作 8 小時，早上 8 時開工。實際收工時間由判頭及工人根據地盤運作情形釐訂。
3. 雙方根據 8 月 12 日的共同聲明，將於 2008 年 3 月開始商議 2008 至 2009 年度的薪金調整，並共同研究，為將來的薪金調整，設立一個雙方認可機制。

香港建築扎鐵商會有限公司
代表

見證人

香港建造業扎鐵職工會
代表

會長 曾登發

勞工及福利局局長 張建宗

主席 陸君鮫

秘書長 余偉明

香港工會聯合會
王國興 蔡劍華

秘書 馮堅礎

2007 年 9 月 12 日

香港建造業扎鐵職工會
HONG KONG CONSTRUCTION INDUSTRY BAR BENDING WORKERS UNION
地址：九龍油麻地（海岸）381 號華興商業中心 2 字 2 樓
2 F, Wah Hing Comm. Ctr., 381 Shang hai St., Yaumatei, Kln.
電話：2388 6887 傳真：2385 5007

2007 年度扎鐵行業工人薪酬福利
通　告

　　扎鐵工人為爭取合理工資、工時，經歷了七輪勞資談判，終於在 9 月 12 日達成協議。扎鐵職工會代表、工人代表同心同德，據理力爭，成功爭取每天 8 小時工作及每年八月一日實施薪酬福利的調整(2007 年度除外)。

　　因此，本通告的第 1、2、6 條款，是本會與扎鐵商會共同簽署確認的條款（參見後頁）。至於第 3、4、5 條款是行業所議，懇請參照本通告的建議，遵照執行。

1. 扎鐵散工日薪每日 860 元。
2. 扎鐵散工每日工作 8 小時。（其體執行參見 9 月 12 日之「協議」）
3. 每個扎鐵判工、蛇頭領隊向僱主收取的服務金，由僱主與蛇頭領隊協商訂定：僱主要自向工人提供安全設備。
4. 凡扎鐵工人已到地盤，如遇惡劣天氣或其他任何原因不能工作者，僱主要給予補償損失：九龍市區補償 100 元，港島、新界、東涌(包括離島)補償 150 元。
5. 通宵收工之工款計算準則：
　　下午 6:00 至 10:00 為一工。
　　晚上 10:00 時 至 1:30 時為一工。
　　凌晨 2:00 至 5:00 時為一工。
　　早上 5:00 時 至 7:30 時為一工。
6. 本通告有效期限從 2007 年 9 月 13 日至 2008 年 7 月 31 日止。以此通告為準。

此致
各建築公司、扎鐵承建商、蛇頭領隊及全港扎鐵工人

香港建造業扎鐵職工會
2007 年 9 月 17 日謹啟

【備註】列本協議支援建造業工會、建造商會、建造業訓練局及有關商界機構。（影印本無效）

時任勞工及福利局局長張建宗致函扎鐵商會，感謝商會為解決工潮作出讓步。（香港建築扎鐵商會提供）

2007 年 9 月 12 日晚上，扎鐵商會與扎鐵職工會在時任勞工及福利局局長張建宗見證下簽署的協議。（香港建築扎鐵商會提供）

工潮解決後，工會發出的 2007 年度扎鐵業工人薪酬福利通告。（香港建築扎鐵商會提供）

為解決扎鐵工潮事件，商會一眾成員齊心留在勞工處，一直召開會議至晚上。（香港建築扎鐵商會提供）

2007 年工潮事件在商會的讓步下，最終經勞工處解決。（香港建築扎鐵商會提供）

商會近年發展

2018 年職工會會議（香港建築扎鐵商會提供）

2018 年團結工會會議（香港建築扎鐵商會提供）

　　隨着十大基建工程先後動工，私人物業市場復甦，建造業重回正軌，全港建造工程總值由 2009 年的 1,009 億元逐步增加至 2014 年的 1,997 億元。[17] 按照香港政府的預測，自 2010 年起政府每年在工務工程的基本開支均達 700 億元，[18] 建造業將於可見未來再次迎來高峰時期。扎鐵商會亦把握機遇，與建造業議會、工會等行業持份者通力合作，推動行業發展，具體工作可分為培訓行業生力軍、鼓勵工人進修、改善勞資關係，以及提升行業技術水平四大方面。

17　政府統計處：《香港統計年刊（2015年版）》，香港：政府統計處，2015年，頁xii。

18　「Build升」計劃：「Build升攻略」，http://www.buildhk.hk/tc/build_up_future/

2016年參與反拉布大遊行
（香港建築扎鐵商會提供）

2017年參與建造業大聯盟的反拉布示威
（香港建築扎鐵商會提供）

2017 年參與建造業大聯盟的反拉布示威
（香港建築扎鐵商會提供）

2017 年參與反拉布大遊行
（香港建築扎鐵商會提供）

2018 年陳落齊會長（左二）在建造業大聯盟的反拉
布示威集會上發表講話（香港建築扎鐵商會提供）

2018 年參與反拉布大遊行
（香港建築扎鐵商會提供）

培訓行業生力軍

2010年，建造業議會得到政府撥款1億港元，推行「Build升」計劃，旨在通過增加指定工種的培訓津貼為在職工人提供技術提升課程，並制定明確的晉升階梯，全方位提升建造業形象和工作待遇，以吸引更多有志投身建造業的人，並為其提供更佳的就業前景，長期為行業提供更穩定的勞工供應。為吸引新人及年輕人入行，建造業議會推行了「強化建造業人力訓練計劃」，開辦一系列涵蓋不同建築工種的培訓課程。以扎鐵業為例，報讀鋼筋屈紮工短期課程的學徒須要於建造業議會的訓練中心接受為期九十七天的培訓，期間每月可獲津貼。相比早年建造業訓練局的培訓課程，學員不論在培訓和就業方面均大為改善。[19]

為了使新入行工人能更緊貼市場脈搏，建造業議會近年開始將部分培訓工人的工作通過「分包商合作培訓計劃」外判予相關建築工種的分判商，讓學徒以「先聘用，後培訓」的方式入行。工人受訓期間每月可獲8,000元的津貼，完成課程並通過中工測試者，一般都可在行內獲得不少於10,000元月薪的工作機會；受僱滿半年者，薪金更可進一步提升至每月15,000元。學徒首先於議會管理的訓練場地或者分判商的地盤接受一到兩個月的基礎訓練，然後實習半年左右，期間可獲分判商以市價釐定的薪金及建造業議會發放的津貼；完成實習並通過中工測試者，可獲繼續聘用，正式成為行業的半熟練工人。[20]扎鐵商會自2013年中開始參與計劃，各會員按照每年行業的人力需求招收學徒；截至2016年底，扎鐵商會先後二十七次開班授徒，為業界培訓近六百名生力軍。連同從建造業議會培訓課程畢業的學徒計算在內，商會從2008年到2016年底已為接近4,000名工人提供培訓，當中逾七成工人都能在行內找到工作。[21]

2012年與時任發展局局長林鄭月娥於建造業招聘會合影（香港建築扎鐵商會提供）

2017 年建造業議會建造技工合作培訓計劃
（香港建築扎鐵商會提供）

2017 年建造業議會九十七天培訓計劃畢業典禮的傑出獎項得獎者
（香港建築扎鐵商會提供）

2018 年建造業議會九十七天培訓計劃分享會（香港建築扎鐵商會提供）

19　「Build 升」計劃：「強化建造業人力訓練計劃」，
http://www.buildhk.hk/tc/build_prospect/training.html

20　建造業議會：「分包商合作培訓計劃」，
http://www.cic.hk/files/press_release/146/tc/
PressRelease_20130411.pdf，http://www.cic.hk/files/
press_release/133/tc/PressRelease_20150226.pdf

21　口述歷史訪問，陳落齊先生。

建立與政府溝通的渠道

2008 年，政府委託紐西蘭的建築專家為香港樓宇的抗地震能力作出全面評估，並參照外國的情況為香港樓宇的施工提出了新的標準，最終推出了《2004 年混凝土結構作業守則》（下稱《2004 守則》）。在新例的規管下，扎鐵分判商立即發現工程現場施工變得困難重重，主要是因為國外的情況不太切合香港的實際環境。有見及此，商會迅速致函屋宇署、房屋署、建築署、工程師學會、建造商會、各大建築公司及各大結構工程顧問等反映意見，並請求召開多方會議，共同商討對策。結果政府部門與商會以「實事求是，通情達理」為原則，盡力尋找能令各方滿意的解決方案。工程師學會旋即就新例《2004 守則》向政府提交建議，經過多方近半年的通力合作，大家互相理解及真誠交流，因新例引致的工程施工困難最終得以圓滿解決。[22]

有見多方會議成效顯著，扎鐵商會及相關政府部門均希望定期舉行會議，共同商討工程業界的最新動向及問題；並透過會議收集業界的意見，作為制訂及修訂措施、法案、政策等的主要參考依據。自 2009 年中起，扎鐵商會一直定期與房屋署及建築署等代表召開會議，為業界發聲，反映意見；這類定期會議因而成為商會與政府溝通的重要渠道。

鼓勵工人持續進修

除了吸引新人入行，扎鐵商會近年聯同業界積極推動建造業議會開展的「一專多能訓練計劃」，鼓勵工人持續進修，學習更多技能。在現行制度下，扎鐵工人除了可以在累積工作經驗的同時，報讀技術提升課程考取大工牌，並進一步成為判頭；也可以考取其他資歷，增加就業機會。一般而言，前線技工可以利用插班形式選讀與扎鐵工序關係密切的建造業議會短期課程，例如木 / 鋁模板班、金屬模板裝嵌班、混凝土澆置班等。他們就讀期間不但可豁免部分訓練，更可以較短的時間完成課程，最後按「專工專責」法例的要求通過中工測試，並註冊成為半熟練技工，隨即可在地盤參與相關工種的工作。這種形式一舉兩得，在技工賺取更佳收入之餘，可以及時填補其他工種不時出現的人手問題，與其他工人合力提升工程的

施工效率。[23]

　　針對學歷較高的年輕人，商會鼓勵他們報讀建造業議會開辦的一系列專門技術和管理課程，涵蓋工程管理、合約條款、電腦繪圖、文物修復等數十個學科，或者以兼讀文憑課程和學位課程的方式繼續升學；兩種途徑均可以讓學員建立事業階梯，為長遠事業目標奮鬥，晉升為地盤管理人員、政府技術人員、專業工程師等高職。

2008 年技能測試（香港建築扎鐵商會提供）

22　口述歷史訪問，陳落齊先生、曾燈發先生。

23　發展局、建造業議會：《修訂《建造業工人註冊條例》簡報文件》，頁 2-3，14-15，https://www.devb.gov.hk/filemanager/tc/content_859/A4Booklet.pdf；口述歷史訪問，韋志成先生。

工人正進行 2008 年技能測試，以考核其扎鐵（上）及屈鐵（下）的能力。
（香港建築扎鐵商會提供）

建造業議會訓練學院 2008 年度學員畢業典禮
（香港建築扎鐵商會提供）

建造業議會訓練學院 2011 年度學員畢業典禮
（香港建築扎鐵商會提供）

建造業議會訓練學院 2015 年度學員畢業典禮
（香港建築扎鐵商會提供）

改善勞資關係

處理扎鐵工潮所得的經驗除了有助於鼓勵年輕人入行並提升從業員的技術水平，也為業界提供難得契機，從中思考如何進一步改善勞資關係。2009 年初，五名扎鐵工人於落馬洲發生交通意外身故，扎鐵商會隨即捐出逾 10 萬元予工人家屬致以慰問。同年，在發展局牽頭下，香港建造商會、分包商聯會、機電商聯會、建造業職工總會與時任地產及建造界立法會議員石禮謙共同成立建造業關懷基金，協助因工業意外死亡工人的家庭。扎鐵商會作為分包商聯會會員，每年義不容辭與建造業其他機構協助關懷基金籌募經費，基金至 2016 年底已經發放逾 2,000 萬元善款，並成功轉型為多功能的慈善基金。基金會除了為身故工人治喪外，也開辦了綜合服務中心，兼顧安排工人入讀建造業訓練學院、為工人子女提供獎學金等事宜。[24]

2011 年，商會與扎鐵業內兩個工會就商討薪金調整達成共識，此後每年發佈的通告一律訂明往後三年的加薪幅度，首階段安排自 2011 年 8 月 1 日起生效，將日薪由 2010 年的 1,100 元逐步增加至 2013 年的 1,490 元，每年增幅平均接近 10%，到了 2017 年已倍增至 2,370 元。這項三年期的加薪機制是建造業具有里程碑意義的創舉，工人因此對未來生計更有信心。另外，最近數年商會與工會每年發佈的行業通告更進一步列明以下規定：工人於假日加班可以獲取的工資、工人於炎夏期（6 至 9 月）可以小休十五分鐘、工人於颱風及暴雨警告下的工作及支薪安排、工人的強積金供款金額等，為工人的薪金福利提供更詳細的明文依據。

現時行內除了一年一度的春茗、尉遲恭師傅誕大排筵席款待同業和員工外，不少扎鐵商也會舉辦各種各樣的員工活動，加強員工對工作與行業的歸屬感，例如秋季旅行、電影欣賞、運動會等。這些康樂活動不僅使工人舒展身心，彼此之間加深了解，而且有利於培養團隊精神，同時也可以讓工人的家人對其工作環境有更深入的認識。2016 年，建造業議會開始推行建造業運動及義工計劃，鼓勵工人在培養健康生活習慣之餘幫助社會上有需要的人士，推動關愛文化。[25]

香港建築扎鐵商會近年捐款數字

捐款目的	捐款日期	捐款金額（港幣）
支持及捐助四川地震災民	2008 年	372,000
慰問 2009 年 1 月 23 日落馬洲交通意外身故扎鐵工友之家屬（帛金）	2009 年 1 月	113,540
資助建造業關懷基金活動中心裝修費用	2013 年 5 月 16 日	110,000
支持漫步職安路慈善步行 2014	2014 年 3 月	52,000
為建造業關懷基金綜合服務中心籌募經費	2014 年 11 月 6 日	180,000
支持明愛之友慈善舞台劇《俏紅娘》	2015 年 1 月 17 日	34,000
支持漫步職安路慈善步行 2015	2015 年 3 月	30,000
支持發展局為建造業關懷基金籌募經費	2015 年 3 月 9 日	135,000
支持建造業關懷基金賣旗日	2015 年 8 月 12 日	43,000
支持建造業關懷基金點唱活動	2015 年 9 月 11 日	63,000
香港工會聯合會、福建省總工會合辦：閩港書畫攝影作品聯展暨慈善晚宴（受惠機構：工聯職安健協會）	2015 年 9 月 18 日	20,000
支持 2016 年建造業運動會暨建造業關懷基金慈善跑	2015 年 10 月 30 日	105,000
支持漫步職安路慈善步行 2016	2016 年 12 月 12 日	30,000
支持明愛之友慈善音樂劇《頂頭槌》	2017 年 1 月 7 日	30,000
支持建造業關懷基金籌募經費演唱會	2017 年 5 月 5 日	200,000
支持工聯康齡長者服務社全港賣旗日	2017 年 7 月 29 日	10,000
支持 2017 年建造業運動會暨建造業關懷基金慈善跑	2017 年 11 月 5 日	40,000

資料來源：香港建築扎鐵商會

24　建造業關懷基金綜合服務中心，「關於本會」，http://ccfcenter.com/services/

25　建造業議會：「建造業運動及義工計劃」，https://www.cisvp.hk/about

2018 年 4 月 28 日，商會聯同香港建造業扎鐵職工會合辦「爐公先師尉遲恭」寶誕晚宴，大排近一百席，逾 1,200 人參加，政府相關官員包括發展局局長等亦應邀出席，高朋滿座，氣氛融洽，場面盛大。這次晚宴是首次由商會與工會攜手合辦的大型活動，為香港一眾工商行業開創勞資攜手同樂的先河，別具意義。這次晚宴不但反映出扎鐵業界勞資雙方關係良好，團結一致，共同推動業界穩步發展；同時也是多年來商會與工會通誠合作，互相信賴的結果。

漫步職安路 2015 步行籌款日
（香港建築扎鐵商會提供）

2015 年《俏紅娘》「明愛之友」慈善專場
（香港建築扎鐵商會提供）

2015 年建造香港好明天籌款、預防肺塵埃沉着病嘉年華 2015
（香港建築扎鐵商會提供）

漫步職安路 2016 步行籌款日
（香港建築扎鐵商會提供）

2017 年建造業議會建造業運動會暨慈善同樂日
（香港建築扎鐵商會提供）

2016 年建造業議會建造業運動會暨慈善同樂日，扎鐵商會共籌得款項 10.5 萬元。（香港建築扎鐵商會提供）

建造業關懷基金慈善籌款晚宴
（香港建築扎鐵商會提供）

2017 年工聯職安健籌款活動
（香港建築扎鐵商會提供）

建造業慈善演唱會 2017，扎鐵商會共籌得款項 20 萬元。
（香港建築扎鐵商會提供）

建造業議會魯班義工服務日暨建造業義工
計劃啟動禮 2017
（香港建築扎鐵商會提供）

2018 年首度與香港建造業扎鐵職工會合辦尉遲恭先師寶誕晚會（香港建築扎鐵商會提供）

提升行業技術

　　扎鐵工作艱辛，儘管近年扎鐵工人薪金水漲船高，加上建造業議會與業界每年致力培訓過千名新人入行，但新入行工人流失率高達兩成。另外，行內熟手技工日漸老化，新晉工人須經歷數年培訓才能成為大工。影響所及，近年行業的生產效率下跌，勞工數量一直處於供不應求的困境。為了滿足行業在未來十年的龐大需求，扎鐵商會致力提升扎鐵工序的機械化水平，希望可以大幅提升生產效率。

　　早於 2010 年，商會組織考察團到新加坡兩所鋼筋加工廠參觀，以加深會員對扎鐵業預先裁剪鋼筋及預製成形鋼筋籠的認識，並了解機械操作鋼筋剪裁的效率與安全性。次年，商會向發展局提出建議，請求政府撥出兩幅土地興建自動剪屈機械廠，供業界競投營運。經過近三年的討論，地政總署於 2014 年推出位於青衣青強街約 30 萬呎土地，用以興建鋼筋剪屈機械廠。[26]

　　2016 年，香港首家扎鐵預製工場於青衣開幕，投產初期的產品主要供應政府的道路和辦公大樓工程。現時產品已應用至公屋工程，

2010 年，商會首次組織成員赴新加坡參觀鋼筋加工廠的生產情況。（香港建築扎鐵商會提供）

2010 年新加坡考察之旅（香港建築扎鐵商會提供）

2015 年，商會再次組團到新加坡考察扎鐵預製工場的運作。（香港建築扎鐵商會提供）

2015 年新加坡考察之旅（香港建築扎鐵商會提供）

26　扎鐵商會信函。

並即將供應私人市場的建築工程。預計工場最終年產量可高達 20 萬公噸，有望逐漸發展成政府地盤的指定鋼筋供應來源。相比傳統的現場人手「開料」，預製工場採用機械化生產，鋼筋在出廠前已按政府規定完成檢測，運抵地盤後即可使用，有助減低物料損耗及維持高水平的生產質量，同時也為香港開展得如火如荼的大型基建工程提供及時支援。[27]

以機場三跑系統為例，工程因應未來航空需求，對物料質量的要求比現有跑道更為嚴格，表層須要注入更多鋼筋組件以符合跑道的承重負荷，另外鋼筋須要屈成不同形狀以配合跑道不同部分的受力情況，扎鐵預製工場大規模機械化生產將有助加快工程進度。[28] 從保障工地安全的角度出發，採用預製鋼筋組件後，工人於工地現場「開料」的機會減少了，一方面可以緩解工地塵土飛揚的情況，另一方面有助減少工人在「開料」時的意外發生率。此外，預製工場的工作環境相對日曬雨淋的地盤較為安全舒適，相信會吸引部分有意投身扎鐵業的年輕人成為行業生力軍。

例如 TVSC Construction Steel Solutions Limited 是萬順昌鋼材加工有限公司和「塔塔集團」旗下──新加坡大眾集團所創建的合營企業。TVSC 是首個獲香港政府認可的自動化螺紋鋼筋加工和裝配工場，供應切割及屈製成形鋼筋至所有香港的公務工程項目。[29] 至於高力集團旗下的高力金屬製品廠有限公司則主要提供標準及訂製焊接網產品、大直徑灌注樁用預製鋼筋籠，和完整機械裁剪鋼筋服務等，其金屬製品是 Expamet 建築產品在香港、中國、澳門、澳洲及紐西蘭的獨家合約生產商及供應商。[30]

扎鐵商會除了全力支持業界在未來擴展預製工場的生產規模，亦致力與香港建造商會以及建造業議會緊密合作，研究引入歐美最新的建築科技，協助提升行業生產力。2016 年，扎鐵業一部分大型分判商率先引入歐美逐漸普及的機械裝備（Exoskeleton），實現長時間輕鬆搬抬重物。這一系列機械裝備以裝甲衣或機械臂的形式穿戴於工人身上，重量與一個普通背包相若，機械透過感應工人的肢體動作，發揮承托背部和手部的效能，使工人搬運鋼筋和扎鐵工具時獲得較佳保護。此裝

備不僅能大幅提升工作效率，而且有助於避免因搬抬重物而扭傷腰背，這對於現時從業員平均年齡五十歲以上的扎鐵業更是一大佳音。[31] 隨着建造業議會旗下的建造業創新及科技應用中心於 2017 年底投入服務，扎鐵商會利用這個嶄新的平台，創造與業內各個持份者更多的合作機遇。

27　〈青衣紮鐵預製工場年底投產〉，《明報》，2015 年 10 月 17 日，https://news.mingpao.com/pns/dailynews/web_tc/article/20151017/s00002/1445017889592

28　香港建築業物料聯會：《香港建築業物料聯會通訊》，第一期，2016 年 8 月，頁 19，http://www.hkcma.asia/download/the_latest_advertisement.pdf

29　湄港聯合控股有限公司網站：http://www.hkshalliance.com/tc/businesses/company/VSC_Construction_Steel_Solutions_Limited

30　高力集團網站：http://www.golik.com.hk/business-overview/reinforcement-products

31　金門建築公司：《金門印記》，第一期，2017 年，頁 16，https://www.gammonconstruction.com/uploads/files/press/the_record/The%20Record_2017%20issue%201.pdf；口述歷史訪問，何安誠先生。

2015 年新加坡考察之旅（香港建築扎鐵商會提供）

走入扎鐵現場　下篇

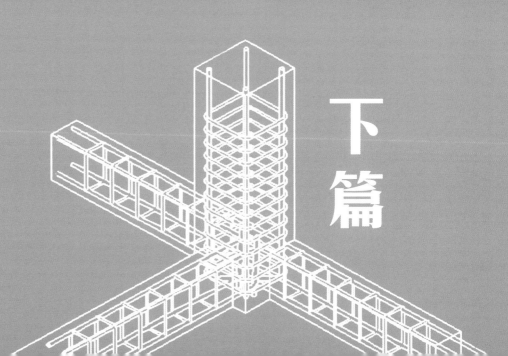

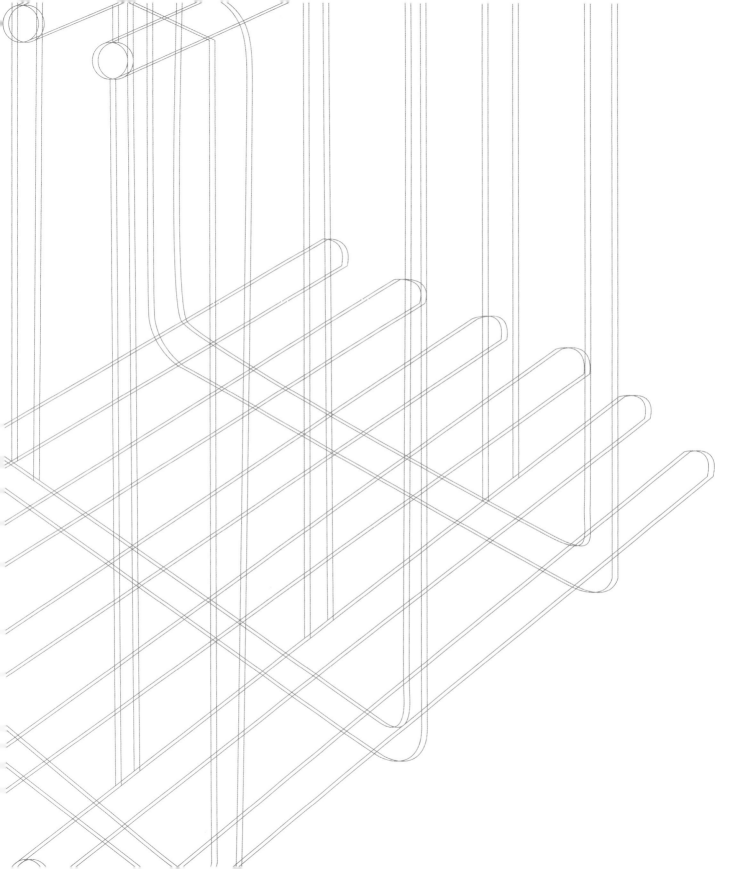

第一章

扎鐵這門專業

過去半個世紀，香港建造業界經歷了不少重大的變化，由早年依靠密集人力的工作方式，進入 1980 至 1990 年代後開始接受國際化的洗禮，及至千禧時代已全面革新現代化，最終建立起一個穩健可靠的建築專業團隊。

建築建設主要分為三大類別，包括一般建築物，例如住宅樓宇、商廈、工廈、學校、醫院及其他日常的普通建築；基礎建設，即機場、公路或鐵路等；以及常見的土木工程相關的建設，如開山填海及隧道橋樑等。除了以類型劃分外，建築建設也包含不同的部位，在施工時須要面對不同的工作環境，應用不同的工人、材料或器材，採用不同的技術，工作才能有效地完成。大體而言，建築又分為結構有關及非結構的工作兩大類型。

結構有關的工作主要是扎結鋼筋（扎鐵）、搭建或安裝模板（釘板）及澆製混凝土（落石屎）；其他重型的工作如大面積的挖掘、打石、斜坡修護，以及鋼結構的裝嵌工作，也屬此類。非結構性的建築工作雖然有其獨特技術或施工技藝的要求，但通常施工的配合會較為簡單。

結構工作涉及多個不同的施工部位，因而工作計劃和部署都非常重要。每個工作部位如地基、地下結構（underground structure）、樁帽（pile cap）、柱頭（main column）、大樑（main beam）、重力轉換結構（transfer structure）、大跨度結構（long-span structure），或核心牆組（core wall）等，都各有不同的工作及施工環境，尤其是大型的構件，在進行釘板和扎鐵工作時，不能低估其面對的施工技術與工作難度。

以下將透過一連串具代表性的案例及圖片，帶領讀者進入實際建築地盤的現場環境，細看扎鐵工作在不同建築部位的施工實況；同時，亦可體會建築內裏不同空間和部位難以想像的複雜性，身處其中施工從來都是艱辛刻苦的工作。

建築部位：
地基、地庫及地下結構

椿帽

吊機正吊起一個鋼籠，稍後放入土膜牆或圓柱椿的坑穴內，澆入混凝土後成為護土或地基結構。

吊機正準備把吊起的鋼籠放入圓柱椿的坑穴內。

作為地基的樁柱頂部，須要建造一個樁帽，以銜接坐於其上的主樓大柱。圖中所見，樁帽扎鐵已完成，正注入混凝土進行澆製。

一個剛完成扎鐵工作的樁帽。圖中可見橫伸出來的留鐵位，以接駁另一條地樑。

筏座

左邊方形的是個筏座（raft cap），屬另一形式的樁帽，其下通常放了多條樁柱，以承托上蓋承重較大的結構體，如一組核心牆等。

典型「和諧式」公共房屋的特大型筏座。

另一個特大型筏座的案例。此筏座位於地庫最底層，將會承托一組環形車道，通往各層的地庫。

地庫工程較少留意的一個部位：從地庫冒起的大型車道。

用明挖方式建造的地下結構

用明挖方式建造的中、大型地庫工程案例，在這階段可見扎鐵工作正全面展開。

用逆作方式建造的地下結構

「逆作法」是香港頗為常見的地庫建造方式。先建地面樓面，再向下順序挖掘和施工，直至地庫最底層。圖中所見是利用逆作法建造的地庫，底層的樓面及陣樑扎鐵工作基本完成，正等待加上模板，然後再進行澆製。

逆作法建造的地庫須要應用鋼柱作逆作建造的結構支撐。圖中所見是鋼柱在後期加上鋼筋，以連接地庫的樓面。

建築部位：
結構轉換層

近距離看結構轉換層的內裏空間。轉換層結構因須承托其上的整座大樓，往往有三米或以上的厚度，內裏有多層縱橫走向的四十毫米直徑高拉力鋼筋以加強其承受力。主受力位置更會多加數層鋼筋以增大其負荷。

結構轉換層內一個受力的樑位,其中可見特別多加的鋼筋及稍後做額外拉力(後應力,post-tensioning)的管道。

一個全面採用後應力設計的結構轉換層,其原理是加上應力後可令轉換層減去一定的厚度,並使其變得輕一點,這對整座大樓的結構及施工較為有利。圖中可見縱橫高低交錯的拉力管道。

結構轉換層內一個特別加重的位置,可見扎鐵過程上遇到的挑戰。

具代表性的大型結構轉換層案例

案例一：葵興和宜合道酒店／住宅項目

案例二：藍田重建之「和諧式」公屋

建築部位：柱頭及主牆

柱頭 ⬭

主要的大樓柱頭，密集地放滿了大口徑的高拉力鋼筋。

在樓面模板上所見的圓形大柱。此柱頭採用螺絲鋼筋接口裝置（coupler），以減少所需的重疊式接口鋼筋。

另一案例的圓形大柱，工人正為接入旁邊陣樑的預留鋼筋作整理和準備。

特大型組合柱

一個特大型方柱的案例：國際金融中心。中間密集地放滿了大口徑的高拉力鋼筋，大樓受力的情況可想而見。

另一個特大型組合柱的案例：朗豪坊。此柱設計內藏大型鋼柱，外圍用大口徑高拉力鋼筋加混凝土結合形成主柱，不時為受力特大的大樓結構所採用。

香港慣常採用不同形式的受力牆作為樓宇的主要承重結構。圖中所見是個典型例子，特別適用於非高層的各類樓宇，牆身鋼筋的數量不需太多。

在香港的高層建築因要承擔風力的影響，很多時採用一個大型核心牆的設計。圖中所見是個典型例子，可見牆內密集地放滿了口徑較大的高拉力鋼筋。

核心牆範圍內通常附有樓梯以及升降機井口（如圖），這令扎鐵及模板安裝工作增加多一點難度。

另一造型獨特且頗大型的牆體。這類環形的行車道因是幾何形狀及體積龐大，其扎鐵及模板安裝的工作頗為複雜。

用機械爬升模板建造的核心牆

香港大部分的超高層樓宇，會利用機械爬升的模板以建造大型的核心牆。圖為當年朗豪坊辦公大樓安裝爬升模板時的情景，牆內的扎鐵工作，與模板安裝互相配合，同時進行。

此個案為國際金融中心，採用的是一組機械爬升模板。從作業樓面所見，核心牆內基本已完成鋼筋扎結的工作。

建築部位：樓面

樓面可分為一般如住宅或辦公大樓的上蓋，及一些承重或跨度較大的樓面結構。圖中所見是一個公共屋邨商場的樓面，有多組扎了鐵的大樑，可見與其他上蓋樓面的差別。

此圖所見是典型的平板樓面（flat slab），因加厚並附有應力（tension）的樓面不須用一個樑架作承托，減低了整座大樓的高度，所以香港眾多辦公大樓均有採用此設計的樓面。銀白色的是稍後加入應力鋼纜的導管。

大面積的樓面在施工時須要化整為零，分成一小段一小段的施工，以便現場安排工作。連接這些小段的分隔稱為建築縫口（construction joint），並須如圖所示般將鋼伸延，以接入後段的樓面。

從近距離看典型的樓面施工現場,當時牆身及樓面的模板已經完成,扎鐵工作也近尾聲,等待一些與水電相關的喉管鋪設完成後,便可進行落石屎的工作。

樓面常見的喉管鋪設,大致與扎鐵工作同時進行。圖中所見是典型的案例。

除了內藏水電相關的喉管，樓面也須容納一些其他大口徑的管道，如排水管或大渠。圖中所見是樓面在未落石屎前，預留用以收藏喉管的過路模箱。

複雜的樓梯位

樓面另一略帶複雜性的工作是樓梯的部位，主要是因為其立體幾何造型及工作空間較狹小，所以施工時有一定難度，往往需要更有經驗的師傅去負責。

另一角度看樓梯位的複雜空間。

樓面上扎陣樑鐵

扎陣樑鐵時一個常見的做法，就是在樓面模板之上進行扎作，完成後以木條作為槓桿，將整條陣樑慢慢放回陣內位置。圖中所見，陣樑的扎鐵經已完成，工人正將陣樑鐵放進陣樑的模板內。

另一組更大的陣樑，工人正進行最後的執整工作，如調好鋼筋位置、加上固定扣碼等。

樓面施工時最怕出現的事故，就是整個支撐架構承托不了施工時的附加重量而引致倒塌。時至今日，所有工序均需要經由合格人士計算後才能施工，以防止同類事故發生。

反映建築物上蓋施工情況的代表性案例

案例一：九龍塘又一城

案例二：城市大學第二期校舍擴建

案例三：尖沙咀國際廣場

案例四：香港大學百年紀念大樓

案例五：中環於仁行重建（今遮打大廈）

建築部位：
預製相關工作

1990 年代後期，大部分預製件均改用現場原件安裝方式，將元件放到樓面位置上，並與牆身模板結合，一併澆製，使其成為一個整體結構。這基本解決了結構不堅穩及容易漏水的問題。

工地內臨時裝設的預製件製作場。

自 2002 年政府推出一個環保屋宇設計獎勵計劃，其後推出眾多的住宅發展項目均採用預製件建造，因其能滿足環保施工的要求。圖中是早期一個位於土瓜灣的私人屋苑，大量採用預製件興建。

預製技術在獎勵計劃的推動下廣泛發展，第二、三代的技術個案很快便應運而生。圖為 2004 年屯門一個住宅項目，採用了一個更優化、智能化和應用更多組件的第二代技術作設計和施工。

樓面的建造採用半預製方式,即在樓面底部鋪上預製板,上面再澆製鋼筋混凝土面層。圖中所見是工人在吊機協助下,將預製板安裝在樓面上。

採用半預製方式建造的樓面。工人正在底層預製板上扎結鋼筋,為澆製面層鋼筋混凝土作準備。前方亦可見已安裝就位的預製外牆組件。

樓面利用預製塊件作底板，外面加鋼筋混凝土，成為這類預製樓宇的常見建造方式。

從上層俯視標準層其中兩翼的施工佈局。這階段已看到牆身的模板及鋼筋扎結工作基本完成，正等待下個階段的樓面安裝工作。正中亦可見六個方形的模板，是澆製核心牆內的升降機井所用的。

大型立體預製組件已安放在樓面適當的位置上，等待接連到鄰近結構內。

新一代的預製件有時可設計作為牆身的模板用（loss form，不見的模板）。此圖所見是個典型例子，預製件內設有扣碼，可扣連到牆身的鋼筋，扎鐵後再加上內模板，一幅受力的牆身便可完成。

圖中所見是一件已安放在樓面的預製外牆，旁邊的牆身亦完成扎鐵，部分鋼筋會扣連到預製件上，使結構互相連成一體。

其他土木工程相關的結構部位：
高架橋

高架行車橋是香港交通基建的一個重要元素。圖中是港珠澳大橋從人工島連接到大蠔灣的一組接道。

從樑架上所見的扎鐵工作接近完成階段。其上及旁邊的鐵架是承托着整個樑架重量的模板組成。

一個現場澆製建造（construct in-situ）的橋面扎鐵工作接近完成。

一個特大型的橋面建造案例 —— 昂船洲大橋接道的施工情況。圖中可見橋面模板的底板已準備妥當，工人正在劃上線位，準備放上鋼筋。

俯視 8 號幹線從青衣南灣隧道連接至昂船洲大橋的一段高架接引道路。

其他土木工程相關的結構部位：
隧道

鑽爆

一個典型用鑽爆方式建造的隧道切面，可見兩旁正用厚厚的鋼筋混凝土牆，以密封及加固整個隧道內壁。

內壁模板

為方便建造隧道內壁，方法之一是將內壁分為數段作澆製。此圖所見的第一段，會先行澆製左邊的地面及下截牆基，隨之是右邊的，最後會用建造隧道內壁的模板完成頂部的內壁。

從這個隧道切面，可看到一幅建造隧道內壁的模板（圖中後部），及在建造內壁前加上以作底墊的防水膠布。

在隧道內壁的模板工作空間，扎鐵工人正進行內壁之鋼筋扎結工作。

在小型行人隧道（地鐵出口通道）建造內壁的扎鐵過程。

明挖回填方式

用明挖回填方式興建的隧道，先要在坑道的兩旁各建一幅擋土圍邊牆，之後才挖掘坑道及加入支撐。此圖所見為高鐵總站朝大角咀開出並陸續收窄的地下車道。

這類在香港用明挖回填方式興建的地鐵隧道體積頗為龐大。圖中所見是高鐵途經油麻地一段的地下管道，當時挖掘工作已經完成，管道正於大型模板上建造中。

在隧道坑穴最低處看施工中的行車管道。兩旁用連排的圓樁柱為擋土圍邊牆，上層用圓形鋼管作兩邊對衡式的支撐。

其他土木工程相關的結構部位：
斜坡加固

在香港覓地作樓宇發展是非常困難的。從圖中這個工地可見，為了取得一幅面積較大的可建土地，須要直削一幅山體，並築起近四十米的擋土牆，其工程複雜程度可想而知。

另一地形複雜的工程例子。工地從削平一邊的斜坡得到土地，形成靠坡的一邊坡度垂直，須要加上一個龐大的臨時支撐構架將其鞏固，加上後同時可在地底的大樓基座施工。

從工地一個角落，已可見其為了盡用土地空間，須要切割大片斜坡並加上用作鞏固的支撐，才可進行必需的施工作業。

圖中所見一個較直接加固部分斜坡的方式，就是在削平的坡面加入一幅堅固厚重的壓土牆，用土牆自身的重力將坡體加固。

其他土木工程相關的結構部位：
碼頭

8 號貨櫃碼頭的泊位堤岸在完成海椿及基座框架後，採用半預製的方式興建堤岸板面。

擴建的政府碼頭正進行樁帽及基座的施工。因須應付潮汐漲退的環境，須在樁帽的
位置安裝一個防水鐵箱，以利工作進行。

其他土木工程相關的結構部位：
地鐵及鐵路相關工程

西港島線堅尼地城站當年施工的情景。

在地面興建地鐵車站已是極複雜的工程，何況是一個多層的地下車站結構。圖中所見是興建中的金鐘站擴建部分地下結構，以連接南港島線及日後的沙中線車站。

九個香港建築工程現場

赤鱲角機場

1996 年，興建中的機場大樓及其前方的機鐵總站。

1997 年中機場大樓的主體結構已基本完成。此照攝於大樓的屋頂，遠處可見仍在開發中的東涌新市鎮。

1995 年，從汲水門海峽眺望仍在裝吊橋面的汲水門大橋。左面的橋塔坐落位置是馬灣島。

1996 年，從汲水門大橋的橋塔俯瞰青馬大橋及馬灣高架繞道。

香港會議展覽中心

1996 年從高處所見，會展中心主結構基本完成，正在安裝採用大跨度全鋼結構的屋面樑架。

從第一期會展的酒店平台所見的新會展，圖中可清楚看到其主結構的切面和構造。

（上）（右）1995 年，正以鋼框架建造的中環中心。
其主結構基本完成，接着便是安裝玻璃幕牆。

長江中心為鋼筋混凝土加外圍鋼框架的結構。圖中所見鋼筋混凝土所建的核心牆，利用鋼樑扣連到外圍的鋼柱上，構成樓面的框架。

1996年，興建中的長江中心。其鋼筋混凝土加外圍鋼框架的結構模式清晰可見。

圖中可見大樓主結構，內裏是鋼筋混凝土核心牆，外圍是鋼框架結構，兩者結合能加強高樓的抗風能力。

平視所見樓面的鋼樑接到核心牆所構成的一個大型混合結構。

2001 年，大樓主結構基本完成，正進行樓內裝配及安裝玻璃幕牆。

環球貿易廣場

大樓建至近十五樓層，核心牆的爬升模板清晰可見。

2007 年，仍在建築中的環球貿易廣場主樓。

當年朗豪坊工地正在建造地基及地庫的過程。工地橫越砵蘭街、上海街及新填地街。

從辦公樓下望所見剛完成主結構工程的酒店大樓及商場。

轉力墊板（transferplate）之上利用爬升模板（核心牆）及怡模（樓面）所建的大樓上蓋。

公共屋邨綜合案例

1995 年藍田邨第二期重建的工地佈局。

2010 年，從高處所見的牛頭角下邨重建現場。

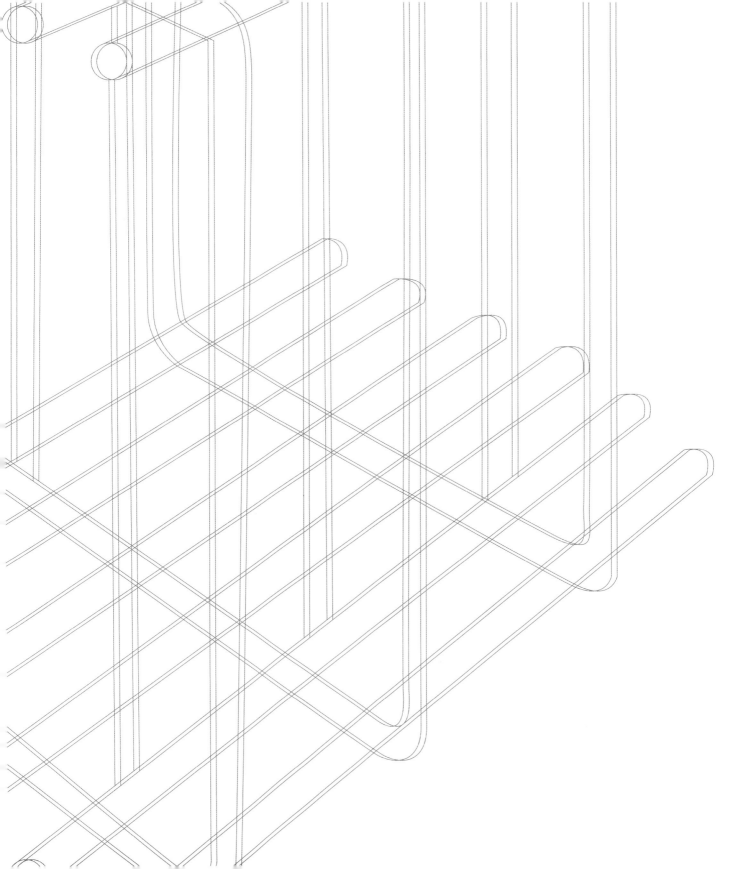

第二章

扎鐵工人施工實況

建築工人長期從事粗重工作，不但面對日曬雨淋的天氣，而且身處的地盤環境大多也甚為惡劣及危險。在異常辛苦的工作環境下，工人大抵都具有一些共同的特質：為人不拘小節，處事直截了當，並總帶點豪快之氣。

在建築前線的四個主要工種之中，即坭井、釘板、扎鐵和石屎，雖然各有其專門的技術要求，工作環境的獨特和辛勞之處亦有不同，但單就施工難度和危險性而言，扎鐵應當是四個工種之最。扎鐵工人不時身處高位施工，攀高爬低，上上落落在狹窄擁擠的工地工作；所使用的鋼筋亦極為沉重及銳利，加上絕大部分時間是露天工作，當中的艱辛實非筆墨可以形容。扎鐵工作在技術及施工安全上都面對極大挑戰，以下圖集主要以扎鐵工人為主角，並作為行業的工作寫照。

工作場地及工具

典型地盤切鐵及屈鐵場地

案例一

案例二

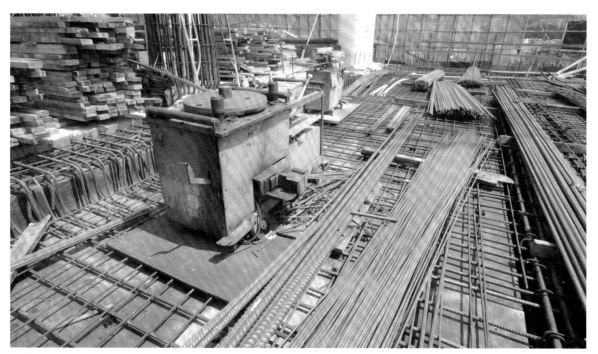

案例三

此案例場地位於樓面之上，所以工作空間較為狹窄。

地盤工作空間狹小，
工地存放各類鋼筋鐵料的典型例子

案例一

案例二

案例三

案例四

案例五

案例六

工地鐵漢身影

攀高爬低

在高低不平的工地工作並沒有一般人想像的簡單。圖中扎鐵工人站在數支鋼筋之上，聯手與其拍檔一起將一支四十毫米的鋼筋（重約五十公斤），放到核心牆的位置上。不過現時的高空工作必須在合資格人士搭建的工作台上才能施工。

圖為 2000 年的國際金融中心。扎鐵工人正站在一個臨時的工作台，為一組超級大柱加上近百支四十毫米口徑的鋼筋。

在高層樓宇的核心牆內裏工作。左邊是核心牆外圍打開了的模板，工人在木板搭成的簡單工作台，為核心牆進行扎鐵。今天處理這類高空工作時，工人必須站在設有圍欄的標準工作台，佩戴安全帶才能施工。

工人正在一個非常傾斜的位置上工作。現時的高空工作，工作台和安全帶是必要設施及裝備。

下
篇

（下）（右）工人在大牆內的縫隙中，將鋼筋
接駁到連接環上去。

工人在擠擁的牆體中撥弄，找尋空間把鋼
筋放入圖則所示位置。

下
篇

在利箭似的鋼枝間，工人正努力地工作。

建造高層樓宇時，其核心牆是最複雜的工作部位，工人往
往須要在其模板的狹縫中穿穿插插，進行扎鐵工作。

這個小角落，被四面八方而來且上下多重的鋼筋組成羅網，別說是如何去扎結，就是看看也叫人眼花繚亂。

這位師傅在茫茫的鐵海中，不知何去何從。

師傅正沉思在這複雜的幾何結構空間中，如何準確地調配工作。

群策群力

多名工人在由鋼筋搭起的「地面」上行走，以運送多支十米長的鋼筋至指定位置，進行扎結工作。

多名工人蹲下身體，在校正一排大鐵的安放位置。

多名工人用一支鐵枝作槓桿，以校正一組大牆的鋼筋位置。

多名工人為樓面的一組特大陣樑作最後調整。

工程師在多位大師傅的陪同下，作最後的扎鐵測檢。

這個工人在做什麼？只是想找條通道，離開這個鋼筋密佈的場地。

飯後午睡剛醒來，對接下來的工作有點迷惘。

蹲下來也算是休息一下吧。

工作了多時，坐在一個陰涼的位置休息一下。

扎鐵工人黝黑油亮的皮膚，
反映了他們日常工作的艱辛。

後記

2016年夏天，我應邀跟幾位身材健碩的大漢茶聚，席間大談香港建造業界的舊聞軼事，當中道出了不少行業的艱辛苦況。縱然面對困境，眼前這幾位大漢都懷着積極面對的態度，勇於跨越難關的堅毅精神，實在叫人佩服；我對他們的敬意不禁油然而生。這是我與香港建築扎鐵商會的老前輩和骨幹成員初次見面的情況，也是本書編撰出版的起點。

在香港的社會價值中，建造業界大部分的工種一直被視為「粗活」，工人與老闆都是「老粗」，長期得不到應有的尊重。其實只要細心聆聽他們的聲音，回顧業界默默耕耘的點滴故事，就不難發現建造業界不但為今天香港的城市景觀作出了極大貢獻，同時亦為每位香港市民建設了一個既安全文明又舒適便利的生活空間。透過本書，希望讀者能對建造業界其中一個最重要的工種——扎鐵業有全面而深入的認識，繼而改變過去對行業的誤解和刻板印象。

承蒙扎鐵商會的委託，尤其是陳落齊會長、黃少明秘書長、蕭樹強創會會長、莫想深榮譽會長及曾燈發榮譽會長的厚愛，過去兩年間我曾與很多商會前輩及業界中人訪談交流，亦多次受邀出席商會大小活動，對商會諸君的高義隆情，至為銘感。他們每位都刻苦實幹，待人以誠，情義雙全，完美演繹出「鐵漢柔情」箇中的精髓。

本書的出版要感謝王煒文講師無私的幫

忙，書中下篇所有照片及專業解說均由他提供。王講師是工程師出身，後轉入大學嘉惠學林，縱橫建造業界四十多年；他的經驗、學識及熱情都深得同業讚許。建造業議會主席陳家駒太平紳士、市區重建局行政總監韋志成太平紳士及金門建築有限公司行政總裁何安誠太平紳士三位建造業界翹楚，在百忙中為本書賜序，謹表謝忱。黃君健先生和周罟年先生為本書的研究及編撰做了大量工作；中華書局（香港）有限公司黎耀強先生和白靜薇小姐在出版付梓階段提供了寶貴意見，在此一併致謝。

劉智鵬 謹識

2018 年 9 月

鳴謝

口述歷史受訪者芳名

建造業議會	陳家駒	主席（SBS, JP）
民政事務局	謝凌潔貞	常任秘書長（JP）
市區重建局	韋志成	行政總監（GBS, JP）
建造業創新及科技應用中心	何安誠	主席（JP）
建造業議會	鄭定寧	執行總監
香港工會聯合會	周聯僑	副會長（MH, JP）
扎鐵商會	謝禮良	名譽會長（MH）
扎鐵商會	陳佐治	會務顧問
扎鐵商會	陳永桐	會務顧問
扎鐵商會	黃德強	合約顧問
扎鐵商會	陳志文	安全顧問
寶安工程有限公司	蕭樹強	創會會長
天和工程有限公司	曾燈發	榮譽會長
莫森記建造有限公司	莫想深	榮譽會長
齊記工程有限公司	陳落齊	會長
海記工程有限公司	黃少明	第一副會長兼秘書長
華建鋼鐵有限公司	蕭樹棠	第三副會長
陳嘉工程有限公司	陳嘉	榮譽會董
超記鋼鐵工程有限公司	盧登	副會長兼司庫
輝煌扎鐵工程有限公司	李錦輝	副會長
陶記工程有限公司	陶永賢	副會長
梁佳工程有限公司	梁余佳	副會長
盈暉創業有限公司	張華	副會長
久記建設有限公司	林萬民	副會長
惠達管理有限公司	李惠達	會董
齊記建築（香港）有限公司	陳仲齊	會董

贊助編撰及出版芳名

齊記工程有限公司	陳落齊會長	$60,000.00
寶安工程有限公司	蕭樹強創會會長	$50,000.00
天和工程有限公司	曾燈發榮譽會長	$50,000.00
莫森記建造有限公司	莫想森榮譽會長	$50,000.00
海記工程有限公司	黃少明第一副會長	$40,000.00
輝煌扎鐵工程有限公司	李錦輝副會長	$20,000.00
華建鋼鐵有限公司	蕭樹棠第三副會長	$15,000.00
超記鋼鐵工程有限公司	盧登副會長	$10,000.00
陶記工程有限公司	陶永賢副會長	$10,000.00
梁佳工程有限公司	梁余佳副會長	$10,000.00
盈暉創業有限公司	張華副會長	$10,000.00
久記建設有限公司	林萬民副會長	$10,000.00
蕭強記鋼鐵工程有限公司	蕭景南會董	$5,000.00
惠達管理有限公司	李惠達會董	$5,000.00
陳泉記工程有限公司	陳衛林會董	$5,000.00
齊記建築（香港）有限公司	陳仲齊會董	$5,000.00
蕭強記鋼鐵工程有限公司	林鎮彬會董	$5,000.00
寶安工程有限公司	蕭景洋會董	$5,000.00
聯成鋼筋結構工程有限公司	彭如濃會董	$5,000.00
香港建築扎鐵商會	全體會員	$195,500.00

照片提供者芳名

王煒文講師
高添強先生
政府新聞處
建造業議會
香港建築扎鐵商會

鐵漢柔情：香港建築扎鐵業發展史

著者
劉智鵬

出版
中華書局（香港）有限公司
香港北角英皇道 499 號北角工業大廈一樓 B
電話：（852）2137 2338
傳真：（852）2713 8202
電子郵件：info@chunghwabook.com.hk
網址：http://www.chunghwabook.com.hk

發行
香港聯合書刊物流有限公司
香港新界大埔汀麗路 36 號中華商務印刷大廈 3 字樓
電話：（852）2150 2100
傳真：（852）2407 3062
電子郵件：info@suplogistics.com.hk

責任編輯　　　白靜薇
裝幀設計　　　黃安琪
排版　　　　　黃安琪
印務　　　　　劉漢舉

印刷
中華商務彩色印刷有限公司
新界大埔汀麗路 36 號 14 字樓

版次
2018 年 11 月初版
© 2018 中華書局（香港）有限公司

規格
16 開（230mm × 210mm）

ISBN
978-988-8571-07-9